价值的力量

让营销回归价值的原点

刘鹏程 ◎ 著

The Power of Value

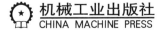

本书从消费者行为入手,研究价值在交易行为中起到的重要作用,并由此提出企业经营应该围绕"价值创造"和"建立价值认知"展开。

基于价值的重要性,本书从价值的角度对营销概念进行了重新定义,提出"价值营销"的概念,主张营销工作应该聚焦于两个方面:在产品创新端为消费者创造价值;在消费者传播端建立价值认知。针对价值主体的不同,经营者应该根据业务需求,分别组织"商品营销"和"品牌营销",保证营销资源有的放矢地发挥作用。

书中就如何在日常经营中实践价值营销提出建议,包括如何从营销思维进阶到价值营销思维,如何将价值营销思维落实到企业经营中,如何调整企业架构以保证价值营销的实践,以及经营者需要规避的误区。

价值营销理论可以帮助经营者在策划和执行营销活动的过程中,规避对业绩、市场占有率、知名度、美誉度等量化指标的短期追逐,避免跌入舍本逐末的陷阱,大大提升营销活动的效率和效果,使品牌建设回归企业经营的价值本质。

图书在版编目(CIP)数据

价值的力量:让营销回归价值的原点/刘鹏程著.
—北京:机械工业出版社,2020.9
ISBN 978-7-111-66855-8

Ⅰ.①价… Ⅱ.①刘… Ⅲ.①市场营销学 Ⅳ.
①F713.50

中国版本图书馆 CIP 数据核字(2020)第 212171 号

机械工业出版社(北京市百万庄大街22号 邮政编码100037)
特约策划:李双雷   策划编辑:蔡欣欣
责任编辑:蔡欣欣   责任校对:李 伟
责任印制:邰 敏
盛通(廊坊)出版物印刷有限公司印刷

2021年1月第1版·第1次印刷
145mm×210mm·9.125 印张·3 插页·164 千字
标准书号:ISBN 978-7-111-66855-8
定价:65.00 元

电话服务   网络服务
客服电话:010-88361066   机 工 官 网:www.cmpbook.com
        010-88379833   机 工 官 博:weibo.com/cmp1952
        010-68326294   金 书 网:www.golden-book.com
封底无防伪标均为盗版   机工教育服务网:www.cmpedu.com

前言

逃不掉的选择题

商业的出现让人类社会告别了自给自足的生活方式。交易使人类的群体性分工与合作从此进入一个其他物种无法匹敌的崭新阶段。

交易扩大了人类满足自身需求的能力半径,亲力亲为地从事生产不再是人类获得所需物品的唯一途径。感到寒冷和饥饿的人,无须亲身参与纺织和耕种的工作,而是通过交易即可获得棉服和面包。在获得和使用目标物品的过程中,人类拥有了一个新身份——消费者。

人人都是消费者。

时至今日,消费者是每个人存在于现代社会中最重要的身份之一。一个人也许可以不从事生产工作,但一定会进行消费。每个人每一天都需要通过消费行为获得自己所需的物品,否则将无法生存。

消费行为是每个人日常生活中最常见的行为,但消费行为并不像看起来那么简单。大到公寓、轿车,小到柴米油盐,每

一类商品都存在成千上万个选项，迫使人们在消费时做出"万里挑一"的选择。面对浩如烟海的备选商品，人们总是希望可以做出最佳决策。一个人无法保证每一次消费都可以购买到最优商品，但是他/她总会凭借多年积累的经验让自己的选择尽量接近最优解。

在经年累月的消费行为的磨炼下，人类成为地球上最善于做"选择题"的物种。

人们在选择商品时通常把最优解作为目标，人类对最优解的追求，为商业世界赋予了一种和生物世界中"物竞天择"相似的运行机制。

在亿万人经年累月的无数次消费选择的洗礼下，那些获得消费者选票最多的企业会从众多竞争者中脱颖而出，逐渐占据商业金字塔的顶端位置。让消费者选中自己生产的商品，是每个企业在竞争中追求的目标。为了获得消费者选票，企业的经营者需要使出浑身解数。

如今，越来越多的经营者已经清醒地认识到，仅仅依靠研发出优质的商品㊀，拓宽销售渠道，在媒体投入海量广告，并不足以帮助企业构成绝对的竞争优势。

㊀ 本书中，"商品"一词特指企业提供给消费者的商品，其中既包括有形的产品，也包括无形的服务。为简单起见，也为了避免重复使用"产品或服务"，本书将把产品和服务统称为"商品"。

真正的竞争不在于购买，而在于选择。如何让消费者在面对数千个同类竞争品时第一时间选择自己的商品，才是赢得竞争的关键。若想让自己的商品成为消费者的第一选择，企业就需要了解消费者做出消费决策的逻辑过程，以及究竟有哪些要素会影响消费决策。

从无数个微观的消费行为中寻找普遍原则是困难的。不同的消费人群，处在不同的时间和地点，面对不同的商品品类，会做出千差万别的消费选择。我们真的能够从看起来杂乱无章的消费行为中找到共性规律吗？

答案是肯定的。

地球上的生物会因环境的影响而进化，达尔文从这些进化中找到了"适者生存"的规律。猎豹拥有适于捕猎的利牙和易于隐藏的斑点，蝙蝠进化出能够让自己在暗夜自由活动的回声定位系统，人类学会直立行走并学会使用工具，这些都是地球生物为了"生存"这个终极目标做出的选择。"生存"是地球上所有生物不断进化的核心驱动力。发现了这个规律，生物学家们就可以有章可循地对地球上的各种生物展开研究。

那么，消费者在消费时遵循什么样的规律？什么是促使消费者做出消费选择的核心驱动力呢？

驱动消费选择的原力

公元前 4500 年，一个古埃及人用红海的贝壳在集市上购

买了一把经过精心打磨的石锄，而不是锐利的标枪。

18世纪，一位英国贵族男士花费80先令购买了1磅产自中国的茶叶，却对标价40先令/磅的英国本土茶叶毫无兴趣。

2020年，一名中学生果粉决定放弃购买最新款的苹果手机，用节省下的8000元和同学一起完成一次海外旅行。

石锄和标枪为什么可以进行比较？昂贵的中国茶叶为什么比英国茶叶更具吸引力？是什么让中学生放弃了购买自己最钟爱的品牌新品的念头？

决定这些复杂消费选择背后的力量，既不是产品质量、零售价格、铺货渠道，也不是品牌的知名度和美誉度，更不是广告宣传的非凡创意或者明星的示范效应，而是"价值"。

在每次的交易行为中，消费者付出金钱的同时，总是希望可以获得某种价值作为回报。此处价值的含义与某一件物品是否具有投资价值、文化价值或历史价值的含义不同。**在消费行为的语境中，一件商品的价值，等于"消费者需求的强度"与"商品满足该需求的程度"的乘积。**

在价值的驱使下，消费者会对两件看似完全无关的商品进行比较，也很有可能在相似的选择中购买更昂贵的那一款商品，又或者对誉满全球的品牌忍痛割爱。

"价值"是决定消费者消费行为的核心驱动力。本书的第1章将详细讲述价值与消费者的关系，为读者展示价值是如何

对消费选择产生影响的。

价值对消费者至关重要,因此对企业的经营发展也意义深远。消费者总是被价值吸引。因此,那些能够为消费者提供更多价值的商品更容易获得青睐,而生产高价值商品的企业也会更容易成功。

有些经营者尚未觉察价值概念的重要性,他们仍旧把企业视为商品的生产者和销售者,以商品为中心,从质量、价格、渠道的视角去构建商业模型。

而另一些经营者则早早对价值这一概念做出回应。他们把企业定义为价值的创造者,以价值为中心,不断挖掘消费者需求,并设法调动各种资源为满足消费者需求提供最佳方案。

可口可乐、迪士尼、大众汽车这些伟大的企业能够经久不衰,获得全球消费者的选票,是因为这些企业总是在源源不断地为消费者创造和输出价值。

价值决定了企业能否生存和竞争的成败。 当一家企业为消费者创造的价值日益增长,这家企业就很容易受到消费者青睐,在竞争中取得胜利。当一家企业为消费者创造的价值日渐衰微,无论这家企业曾经多么辉煌,体量多么庞大,消费者都会离它而去。

本书的第2章将对价值与企业的关系进行阐述,为读者揭示为什么有些企业可以长盛不衰,而有些企业(甚至整个行

业）会在经历辉煌之后面临巨大危机。

为消费者创造价值的企业会得到消费者的"金钱选票",在市场中领跑。然而,企业生产具有价值的商品,并不意味着消费者可以自动识别出商品蕴含的全部价值。**为了获得消费者的"金钱选票",企业不仅需要在客观世界中为消费者创造实在的价值,还需要在主观世界中让消费者形成清晰准确的价值认知。**

牛奶是一种富有营养的食品,但如果想让消费者购买牛奶,前提条件是要让消费者对牛奶建立富有营养的价值认知。

运动可以让身心健康,但如何让消费者对健身房的价值建立充分认知,使其愿意为办理健身卡而支付数千元的费用,则是一项充满挑战的任务。

本书第3章将对价值认知展开讨论,剖析价值认知的形成来源。经营者对这些要素进行有机的串联后,可以使企业建立价值认知闭环,进而让消费者对价值形成认知。

品牌的价值时代

在当代,企业间的竞争已经从单纯的产品能力、供应链能力、渠道能力之间的比拼,升级到营销能力和品牌之间的角逐。许多具有远见卓识的经营者把提升企业营销能力,塑造具有强大号召力的品牌,视为企业长远发展的重要战略支柱之一。

有需求的地方就有供给。随着经营者在营销和品牌建设领域的需求日益增多，关于营销和品牌建设的理论层出不穷。

有的理论认为营销的目的是让消费者在短时间内迅速记住品牌，简单直接的洗脑式广告，可以让消费者过目不忘。

有的理论认为建立品牌知名度需要依赖声势浩大的营销活动，只有在媒体渠道进行长时间的饱和式投放，才能够使品牌从默默无闻走向广为人知。

有的理论认为消费者的心智空间有限且天生厌恶混乱，品牌需要通过聚焦和定位，在消费者心智中占有一席之地。

然而，当我们把理论和实际加以对照，就会发现这些理论主张存在各自的实践盲区。

让消费者迅速记住品牌，是否一定要用洗脑的广告方式，以引发观者反感和诟病为代价？

很少进行媒体投放的亚马逊和谷歌为何能够成为世界上最具影响力的品牌？

为什么米其林既作为知名轮胎品牌，又作为美食排行榜品牌，可以同时存在于消费者心智中，而不产生混淆？

读者可能经常听到营销专家鼓吹现代的营销大战已经从过去的功能时代走进情感时代，从广告时代走进内容时代，从渠道时代走进新零售时代，从流量时代走进大数据时代等。

然而，在价值的视角下，无论是过去的营销战争，现在的

营销战争，还是未来的营销战争，始终都处于价值的时代。一旦脱离了价值的框架，所有关于品牌建设的时髦概念——定位、大数据、新零售、流量池、全域营销、体验经济、饱和攻击、心智占领、差异化竞争等，都将失去意义。

基于前 3 章的内容，本书的第 4 章站在价值的视角，对销售、广告、创新、传播进行一次审视和梳理。重新定义营销工作的内涵和职责，并提出"价值营销"这一新概念，让营销活动回归到价值的本质。

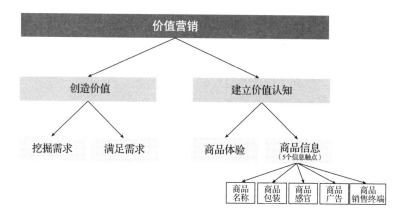

如果探究一番历史上成功的品牌，你会发现"价值"这一要素在这些品牌的成长路上发挥着决定性的作用。可口可乐、谷歌、星巴克、苹果……这些品牌中有的保持产品上百年不变，有的每年都会推出升级迭代的新产品；有的在大众媒体上一掷千金，有的却极少投放广告；有的只聚焦于单一品类，

有的则实行跨品类战略。这些企业建立品牌的手段天差地别，但都有一个共同点，那就是始终透过品牌不断为消费者创造价值，同时促使消费者在心智中对品牌蕴含的价值形成清晰的认知。

在第 5 章和第 6 章，我们将在价值营销的理论框架下，对品牌的本质进行诠释，并使用价值营销的理论对企业的品牌建立工作提出建议，帮助经营者为品牌选择正确的价值认知，然后组织有针对性的营销活动，统一地、持续性地将价值认知注入品牌之中。

企业是最好的学校

很幸运，我的职业生涯允许我以品牌第一负责人的身份去学习、实践并积累关于营销和品牌的各种经验。

2006 年，我以管理培训生的身份加入了一家世界著名的日化快消品企业，从此开启了在市场营销领域的职业生涯。每天我既需要研究销售数据和市场份额的变化，又需要通过定性和定量分析把握消费者的动态；既需要和研发及生产部制定下一代新品的方向，又需要和广告公司一起为创意概念绞尽脑汁；既需要关心一场营销活动看起来是否精彩纷呈，又需要关心花费在这场营销活动上的资金是否真的可以为企业带来销量和利润。此外，我还需要关心品牌是否能在长期获得收益。

站在甲方立场，我有幸能够以品牌管理者的视角，零距离

学习不同类型的伟大企业管理品牌时运用的战略思维和系统模型。这让我收获了与来自广告策划和咨询公司（乙方立场）的营销专家们截然不同的视角和实践机会。

在从事营销工作和品牌建设的十五年时间里，我为多个国际知名品牌制定品牌战略，领导新品开发和上市工作，完成了数十场整合营销活动的策划与执行。这些实践工作让我深刻地意识到，任何理论如果脱离了执行，都会变得毫无意义。执行离不开人，如何能够让负责营销的专职人员以及企业的经营者更容易地践行价值营销理论，是价值营销理论能否真正为企业提高营销效率、规避资源浪费的关键所在。

本书的最后 3 章对企业如何将价值营销理论付诸实践提出建议。

首先，经营者需要转变思维。过去，在别人把目光聚焦于产品和渠道时，率先使用营销思维，很容易使企业在竞争中脱颖而出。如今，营销思维已经成为一种共识，经营者能否采用更完善的营销理念来武装企业，就成为影响竞争胜负的关键。经营者需要完成从营销思维进阶到价值营销思维的转变，为价值营销理论的实践打下基础。

其次，经营者要了解价值营销的实践原则，并在实际工作中贯彻始终。价值营销涉及的工作多种多样，日新月异。经营者需要在日常的营销活动和品牌管理工作中不断使用这些基本

原则,来检验自己是否真正走在价值营销的道路上。

最后,我们对中国企业在经营实践中最易走入的误区加以总结,希望中国企业的经营者可以引以为戒,在实践价值营销的道路上,尽量避免支付不必要的学费。

每个人都是自身认知的囚徒

鉴于我从事的行业以快消品和零售为主,因此书中引用的案例大多来自于以大众群体为目标消费者的B2C型企业。但在实际中,有许多企业的客户以机构为主。因此,书中介绍的关于如何通过复杂的营销活动去建立品牌的方法可能对B2B型企业的参考意义一般。

不过,这并不影响"价值"在企业经营中扮演的关键角色。B2B型企业同样需要持续性地向自己的机构客户创造和输出价值,并让这些机构客户对企业提供的商品形成明确的价值认知。

B2B型企业的经营者需要意识到,所有与机构客户之间的互动(竞标、咨询、供货、售后等)不仅是为了满足机构客户当下的业务需求,还是一次难得的在对方心智中建立价值认知的机会。

通过持续关注与机构客户日常接触的每一个服务细节,B2B型企业不必花费巨额的营销宣传费用,就可以在目标客户群体中建立起具有吸引力的品牌。

现在，市面上有关企业经营、营销策划、品牌建设的书籍不计其数。价值营销理论的提出，只是我依据个人经验，站在前人肩膀上的一次大胆尝试。我并不奢求价值营销能够为读者揭示所有关于营销和品牌管理的秘密，只希望可以为经营者提供一个更接近消费者逻辑的视角，帮助经营者从追逐短期目标的殚精竭虑中解脱出来，把手中有限的营销资源投入真正有利于企业长期发展的决策中去。

阅读指南

本书每一章的结尾处都有一些小提示，它们可以帮助读者复习本章的重点内容。把这些重点内容记录下来，和身边的人分享，能够有效地帮助读者理解和记忆所阅读的内容。

同时，书中还向读者提出了一些与实际工作相关的问题。这些问题并没有标准答案，读者可以结合书中介绍的内容以及自己的经验，进行独立思考后得出自己的答案。在此也欢迎大家把自己的答案通过微博留言（微博ID：价值的力量）的方式分享给我，让我们在探讨中共同找到能够帮助企业创造更多价值的观点和做法。

目 录

前言 逃不掉的选择题

第 1 章 打开消费行为的黑盒子

隐藏在交易中的价值 ... 002

价值:始于需求,终于满足 ... 006

商品的价值不止一个维度 ... 014

消费者总是在为一生中获取价值的总和盘算 ... 019

第 2 章 不断为消费者创造价值

以生产商品为表,行创造价值之实 ... 026

价值决定竞争的成败 ... 032

将价值使命付诸实践 ... 036

创造新价值永无止境 ... 042

不要因伪创新而洋洋自得 ... 046

价值创新的模式 ... 054

每个成功者都会面临颠覆式创新的挑战 ... 063

从价值创新者到价值创新平台 ... 067

第 3 章
让价值进入消费者的心智中

从价值到价值认知 ... 076

价值认知的来源一：商品体验 ... 081

价值认知的来源二：商品信息 ... 085

信息触点一：商品名称 ... 090

信息触点二：商品包装 ... 093

信息触点三：商品感官 ... 096

信息触点四：商品广告 ... 098

信息触点五：商品销售终端 ... 101

构建价值认知闭环 ... 105

第 4 章
用价值思维重新定义营销

人的力量：销售驱动型模式 ... 114

媒介的力量：广告驱动型模式 ... 117

整合的力量：整合传播驱动型模式 ... 122

价值的力量：营销驱动型模式 ... 128

返利的力量：促销驱动型模式 ... 135

营销概念中的"价值营销" ... 140

第 5 章
用价值思维重新诠释品牌

凝结在商标上的价值认知 ... 148

品牌对消费者的意义一：背书 ... 153

品牌对消费者的意义二：象征 ... 158

品牌的自然生长 ... 163

靠商品赚取一笔钱，靠品牌赚取另一笔钱 ... 168

两种价值的对立与统一 ... 175

第 6 章 用价值营销模式建立和升级品牌

正确认识品牌的竞争力 ... 182

为品牌选择恰当的价值认知 ... 185

品牌价值认知的光环效应 ... 189

通过商品为品牌注入价值认知 ... 191

通过传播为品牌注入价值认知 ... 193

通过终端为品牌注入价值认知 ... 195

品牌的另一面：企业文化 ... 197

第 7 章 价值营销从转变思维开始

业绩还是价值 ... 202

商品还是需求 ... 205

客户还是消费者 ... 207

知名度 + 美誉度还是价值认知 ... 210

创意还是信息 ... 217

第 8 章 落实价值营销思维的六大原则

以消费者需求为中心 ... 224

坚持用商品说话 ... 227

把商品蕴含的价值转化为可传递的信息 ... 229

用创意提高信息传递的效率 ... 232

在各个信息触点上保持价值认知的一致性 ... 237

在时间轴上保持价值认知的传承性 ... 239

第9章 中国企业建设品牌时的五个常见误区

把品牌的"大"和品牌的"强"混为一谈 ... 246

将"定位"视为建立品牌的密钥 ... 250

认为建设品牌必须依赖广告宣传 ... 257

沉醉于广告带来的短期效果 ... 259

把营销部视为普通的职能部门而非生意的管理者 ... 264

后　记　让营销回归价值的原点 ... 269

第1章

打开消费行为的黑盒子

商品与金钱的交换是消费行为的终极表现形式,但真正驱动消费行为发生的既不是优质的商品,也不是低廉的价格,而是价值。

隐藏在交易中的价值

2005年7月的一天,26岁的加拿大小伙子凯尔·麦克唐纳盯着桌子上的一枚红色别针,脑中产生了一个奇怪的念头:用这枚别针能够交换到什么更大更好的东西呢?他把别针图片和交换声明发布到了自己的博客上。

很快,一名女网友同意用一支鱼形钢笔交换凯尔的红色别针。同一天,凯尔又找到了新的交换对象,用鱼形钢笔换得了一个笑脸模样的门把手。接下来,凯尔的交换旅程一发不可收拾:门把手被换成便携式烤炉,再换成小型发电机,又换成啤酒桶和霓虹灯……

第1章
打开消费行为的黑盒子

经过将近一年的时间,通过十四次交换,凯尔最终换得了一栋别墅一年的居住权,"别针换别墅"之旅至此告一段落。

"别针换别墅"的故事发生在十五年前,让当时的许多人惊讶于互联网连接世界的力量。而让我陷入思考的却是另外一个问题:所有被交换物品的形态、成本甚至市场价格都大相径庭,为什么它们之间可以发生交换呢?

在现代商业社会中,每一件商品都有明确的标价。1个汉堡的价格为10元,1支口红的价格为200元,1辆汽车的价格为10万元……尽管商业世界中的商品标价透明而规范,但我们不能通过数学计算的方式,复制"别针换别墅"中的以物换物,自动认为1支口红等于20个汉堡,1辆汽车等于500支口红。

无论是"别针换别墅"过程中物与物的交换,还是明码标价世界中物与钱的交换,处于交换天平两端的并非是商品和金钱。

面对明码标价的同一件商品,不同的人会表现出不同的消费行为——有人会认为商品物超所值,迫不及待地大量购买;有人则会认为价格太高,犹豫不决,甚至放弃购买。

从表面上看,处于交换天平两端的是商品和金钱,但真正决定两者是否达到平衡状态的却是"人"。换言之,"人"是决定消费行为的关键要素。人(或者说消费者)为被交换的

客体（钱和物）赋予了一个超越物理属性的特殊维度——"价值"。在价值维度中，物与物之间，物与钱之间具备了进行比较和交换的基础。

> 有一种理论认为，消费者购买商品的是为了获得商品蕴含的"效用"。虽然商品的"价值"和商品的"效用"在很大程度上意义非常近似，但是本书认为"价值"一词在解释消费者行为时会比"效用"更加准确。
>
> "效用"一词描述的是商品的功能、效果和用途，更加贴近一件商品在物理属性上的功能。比如，当我们讨论一瓶普通纯净水和一瓶高档纯净水的效用时，人们往往会因为两种水的效用都是解渴，而认为两种饮用水的效用相同。
>
> 除了解渴这个效用以外，纯净水的包装、设计风格等要素还满足了消费者的非物理维度的需求，让纯净水蕴含了不同的价值。
>
> 从"效用"的角度去理解商品，我们很难解释为什么"效用"相似的商品价格会有天壤之别。但如果我们从"价值"角度去理解商品，就能够比较容易地解释为什么物理性质和功能效用相近的商品会有巨大的价格差异，受到不同消费群体的追捧。

对于生活在远古时代的人来说，山羊意味着食物，具有果腹充饥的价值；布匹意味着衣服，具有保暖驱寒的价值。饥饿的人会认为山羊的价值更高，于是选择用手中的布匹去换取山羊。受冻的人会认为布匹的价值更高，于是愿意用手中的山羊去换取布匹。从表面上看，他们交换的是山羊和布匹，但实际上他们交换的是山羊所蕴含的果腹价值和布匹所蕴含的御寒价值。

第1章
打开消费行为的黑盒子

假如远古时代的人来到21世纪,他们会对如何进行交易感到困惑。这并非因为他们不懂得如何交易(其实他们每一个人都是讨价还价的高手),而是因为他们缺乏现代人具备的知识,不了解眼前的各种物品(包括金钱)蕴含的价值。面对计算机、手机、微波炉……这些见所未见、闻所未闻的物品,他们无从得知这些物品的价值所在。当一个人,或者说消费者,无法对一件物品的价值进行评估时,那么他/她就无法做出关于这件物品的交易抉择。

这种交易能力缺失的状况并不会持续很长时间。一段时间以后,这些来自远古时代的人逐渐适应现代社会的生活,他们慢慢懂得计算机、手机、微波炉等物品各自具备什么功能,能够在自己产生何种需求时发挥作用。这时,他们就会在头脑中建立对这些物品进行价值评估的系统,成为一名善于交易的消费高手。

所谓的对价交易并非围绕价格展开,而是围绕价值展开。尽管20个10元钱的汉堡和1支200元的口红的总价格相等,但如果持有物品的双方不认为对方的物品具有价值,那么他们就不会进行交换。在"别针换别墅"的案例中,无论交换双方所持的物品多么奇特、价格差别有多大,只要双方认为对方的物品具有价值,那么交换就成为可能。

在消费行为中,消费者支付金钱,同时获取商品。消费者真正在意的并不是占有商品本身,而是期望在消费的过程中获取商

品蕴含的价值。

消费者购买矿泉水的目的不是为了拥有矿泉水，而是要通过饮用矿泉水为身体补充水分。消费者购买书籍的目的不是为了拥有书籍，而是要在阅读书籍的过程中获取知识。消费者购买汽车的目的并不是为了拥有汽车，而是要通过驾驶汽车在通勤中享受便利。

无论是以物易物的交换行为，还是以钱易物的消费行为，消费者总是以获取商品价值而非商品本身为最终目的。**价值是消费者进行消费行为的核心驱动力**。认识到这一原则，对于理解消费行为至关重要。

那么，一件商品的价值是由什么构成的呢？

价值：始于需求，终于满足

商品本身是一种稳定的客观存在，但是商品蕴含的价值并非一成不变。

首先，商品蕴含的价值会因人而异。

对于生活在高纬度地区的人来说，保暖性强的衣服可以御寒，蕴含着很高的价值，值得花高价购买。但是对于生活在赤道附近的消费者来说，使用保暖材料制作的服装并没有特别的吸引力。

第 1 章
打开消费行为的黑盒子

面对一次五天四晚的豪华邮轮旅行,有些人认为这是一种极为惬意的休闲方式,有些人则会认为过于无聊,邮轮旅行蕴含的休闲价值远远比不上去森林进行一次徒步探险。

同样一双轻便透气的健步鞋,经常外出的老年人会对其喜爱有加,但年轻人则会对其视而不见。

其次,商品蕴含的价值还会因时而异。

对同一名消费者来说,在不同的季节,冰淇淋蕴含的价值会发生变化,这种变化直接影响消费者购买的频次。

许多人在上学时对英语培训班不屑一顾。但是当进入职场感受到英语在工作中的重要性后,在他们看来英语培训班蕴含的价值会快速升高。

随着一个人年龄渐长,他/她的健康意识会不断增强,在他/她看来,健身房蕴含的价值会慢慢提升。同一名消费者,会从最初不屑花钱去锻炼,逐渐发展为健身房的忠实用户,最后甚至还会花钱聘请健身教练对自己进行专门的指导。

无论是衣服的材质,邮轮旅行的服务,冰淇淋的口感,还是健身教练的指导,企业为消费者提供的商品都是标准化的。那么,究竟是什么变量,使得标准化的商品在面对不同的消费者,在不同的场景下,蕴含的价值不同呢?

这个变量并非来自商品,而是源自消费者的需求。

在交易行为中,消费者获得商品的最终目的是在消费商品

的过程中使自己的需求得到满足。如果消费者自身产生某种强烈的需求，那么能满足这种需求的商品就变得很有价值。

消费者需求是商品是否蕴含价值的基础要素。

当消费者的需求越强烈，商品对于消费者蕴含的价值就越高。反之，当消费者的需求越微弱，商品对于消费者蕴含的价值就越低。

一个普通的馒头，对一名 72 小时没有进食的消费者和一名刚刚饱餐不久的消费者来说，蕴含着不同的价值。前者可能会把这个馒头视为救命稻草，愿意花重金购买；而后者则会对这个馒头视而不见，即使有人免费赠送，他也可能婉言谢绝。消费者的饥饿感越强烈，馒头蕴含的价值就越高，消费者的购买意愿也会越强烈；消费者的饥饿感消失，那么馒头蕴含的价值就随之消失，消费者就不会出资购买。

如果我们仔细观察就会发现，运动场所附近小卖部里销售的饮料价格总是会比其他地方的饮料价格高一点。这是因为激烈的运动让消费者对解渴的需求比平日更加强烈，从而推高了饮料蕴含的价值（尽管饮料本身并没有什么变化）。即使饮料的价格略有提高，消费者依旧愿意购买。

空气净化器往往在冬天的时候销量上升。这是因为冬季往往是一年当中空气质量最差的季节。空气质量的恶化提高了人

第 1 章
打开消费行为的黑盒子

们对净化空气的需求程度,空气净化器对饱受空气污染之苦的消费者而言蕴含了更高的价值,消费者的购买意愿也随之增强。

需要特别强调,本书中"需求"一词的概念是指消费者自身在生理或心理上产生的某种期许,而不是对商品的渴望。对一名口渴的人来说,解渴是他/她的需求,而水并不是他/她的需求。水是满足消费者解渴需求的一种"解决方案"。

当一位消费者说"我想喝咖啡"时,我们不能把咖啡理解为消费者的需求。我们应该追问,这位消费者想喝咖啡是为了满足一种什么样的需求。有的人是为了提神,有的人是为了促进消化,有的人是为了让自己的身体暖和一些,有的人是为了与别人约会交谈时不至于尴尬。经营者必须洞察消费者购买和使用商品时隐藏在内心深处的真实需求,才能够以需求为起点,为消费者生产出真正具有价值的商品。

消费者需求是商品价值存在的基础,但并不是商品价值构成的唯一要素。

商品满足消费有需求的程度是构成商品价值的另一个要素。

当一件商品满足消费者需求的程度越好,商品对于消费者蕴含的价值就越高。反之,当一件商品满足消费者需求的程度

越差，商品对于消费者蕴含的价值就越低。

对于饥肠辘辘的消费者来说，一个大汉堡比一个小汉堡更能够满足自己填饱肚子的需求，因此蕴含更高的价值。

对于刚刚结束运动的消费者来说，一瓶能够为身体补充电解质的运动饮料，比一瓶口味香甜的珍珠奶茶更能满足自身所需，因此蕴含更高的价值。

对于关心空气质量的消费者来说，一台可以清除 PM0.1 颗粒物的空气净化器相比一台可以清除 PM2.5 颗粒物的空气净化器，由于前者能够过滤空气中更加细微的杂质，因此蕴含更高的价值。

现在，我们了解到商品蕴含的价值是两个因素共同作用的结果：一个是消费者需求的强度，一个是商品满足消费者该需求的程度。

> 关于价值的本质，经济学领域存在许多观点。比如，马克思主义经济学认为价值是指蕴含在商品里的社会必要劳动，由劳动者所付出的劳动量来决定。
>
> 本书中讨论的价值仅限于消费行为这个场景，即商品对消费者的价值。收藏在博物馆里的编钟在文化、历史、艺术等多个方面具备很高的价值，但是作为一件乐器，如果编钟没有满足我们在演奏音乐方面的需求，那么编钟对于我们来说就没有消费层面的价值，不会成为消费者的目标商品。

第 1 章
打开消费行为的黑盒子

我们可以把商品价值公式总结如下：

商品蕴含的价值 = 消费者需求的强度 × 商品满足该需求的程度

- 一个汉堡蕴含的价值 = 消费者填饱肚子需求的强度 × 汉堡能够填饱肚子的程度
- 一瓶饮料蕴含的价值 = 消费者解渴需求的强度 × 饮料能够解渴的程度
- 一台空气净化器的价值 = 消费者对洁净空气需求的强度 × 空气净化器净化空气的程度

消费者需求是商品价值存在的基础和前提。只有站在人的视角，而不是物的视角，才能真正理解商品的价值。营销领域有一句老生常谈的话，叫作"以消费者为中心（consumer oriented）"。这句话的本质就是告诫经营者，要始终把消费者的需求放在首位，以人为本。

经营者总是希望为消费者提供更具价值的商品，但很多人往往习惯于把目光聚焦在商品层面。这些人坚信，质量优和性能好意味着商品价值高，质量劣和性能差意味着商品价值低。醉心于制造"完美"商品的企业，很容易因为忽视消费者需求，错失为消费者创造真正具有价值商品的机会。

19 世纪末，几乎所有的马车制造商都在思考如何改善马车的乘坐体验和行驶速度，制造出更棒的马车。然而，如果这

些经营者站在消费者的视角去思考马车的价值，就会发现消费者真正需要的是"快速、安全、舒适地从地点 A 到达地点 B"，而不是一辆更加完美的马车。

少数真正懂得以人为本的马车制造商开始主动拥抱崭露头角的汽车行业，有的人积极研究汽车制造技术推动自身的业务转型，有的人对汽车制造商进行投资以分享行业红利。而大多数的马车制造商，由于不能够从消费者需求的角度理解价值的含义，最终钻进"升级马车性能"的牛角尖，将大量资本和精力浪费在制造完美马车的生产活动中，错失了进军汽车行业的商机。

马戏是人类历史上最古老的娱乐形式之一，距今已有两千多年的历史。这种综合了杂耍、魔术、动物表演的演出形式具有极强的娱乐性和观赏性，深受大众喜爱。然而，随着科学技术的不断发展，电视、电影、电子游戏、网络直播……这些五彩斑斓的娱乐形式纷纷涌现，大大压缩了马戏行业的生存空间。

面对文娱市场的激烈竞争，太阳马戏（Cirque Du Soleil）没有试图让杂技演员踩上更高的高跷，让小丑演员做出更夸张的表演，让驯兽师与动物间呈现更默契的配合，而是从观众对娱乐体验的具体需求出发，竭力通过马戏这种形式为消费者创造更高的娱乐价值。

对于需要支付 500 元的门票和付出 2 个小时时间的观众来说，他们希望得到的并不是马戏，而是马戏蕴含的娱乐价值。

第1章
打开消费行为的黑盒子

为了提升马戏的娱乐价值,太阳马戏从电影、话剧、音乐剧甚至电子游戏中获取灵感——为演出注入情节和主题,塑造角色的性格和形象,综合运用声光电等科技元素烘托气氛,摒弃掉纯粹以炫耀技艺为目的的表演环节。在观看演出的过程中,观众恍若脱离了现实,完全置身于梦幻世界之中。

与那些竭尽全力追求高超技巧的马戏团相比,太阳马戏在创作和经营的过程中真正做到了以消费者需求为核心,因此能够奉献出真正具有价值的演出。成立于1984年的太阳马戏,如今已经成长为与美国迪士尼相媲美的世界级文化品牌,享有加拿大"国宝"的美誉。

> 太阳马戏的案例对于推行改革的京剧剧团具有重要的借鉴意义。
>
> 从一定意义上说,京剧本身也是一种为大众服务的娱乐形式。京剧在历史上之所以广受欢迎,是因为其集合了剧情、表演、音乐、舞蹈、服装等多种娱乐元素。与同时代其他的文娱表演(评书、杂耍等)相比,京剧可以为观众带来综合性极强的娱乐体验,因此让大众喜闻乐见。
>
> 进入21世纪,仅仅强调"唱念做打"和历史传承,也许可以排演出更好的京剧,但是不能造就更具娱乐价值的演出。京剧剧团经营者可以从消费者需求的角度对演出内容和形式进行价值改造,这样能够让京剧作为重要的娱乐形式重新吸引大众走进剧场。

价值的力量
让营销回归价值的原点

商品的价值不止一个维度

每天上午,我都习惯喝一杯咖啡。在尝试过很多咖啡店的咖啡之后,我发现 Manner(一家成立于上海的咖啡连锁店品牌)的手冲拿铁最符合我在口味上的需求。一杯 Manner 拿铁的价格只有 20 元,这比隔壁街上星巴克的拿铁价格要便宜将近一半,对我来说真是再合适不过了。

有一天,我打开手机上的记账软件,想知道自己过去一年中在咖啡上到底花了多少钱。令我惊讶的并不是我在咖啡上的花销,而是这笔花销中的将近 2/3 被我用来购买了星巴克咖啡,而不是我最喜爱的 Manner 咖啡。即使剔除价格的因素,我光顾星巴克的次数仍然与 Manner 持平。作为一名 Manner 咖啡的忠实消费者,我对此感到困惑。

为了搞清楚是什么力量让我频繁地光顾一家我并不钟爱的咖啡店,我决定对自己购买咖啡的消费行为进行一次追踪记录。一个月后,我发现了一个有趣的规律:当我需要一杯咖啡边走边喝时,我总是会在前往公司的途中特意经过 Manner 咖啡店;而当我需要和朋友或生意伙伴约会的时候,我总是会约他们在一家离 Manner 不远的星巴克见面。

Manner 不提供桌椅和休憩空间。无论我多么喜欢 Manner

第 1 章
打开消费行为的黑盒子

咖啡的味道,也没有办法一边端着咖啡,一边和朋友站在露天的环境中攀谈半个小时。也就是说,在与朋友约会的场景中,我产生了两个维度的需求——咖啡和空间。尽管我个人更喜欢 Manner 的咖啡,但是综合这两个维度的表现,星巴克蕴含了更高的价值。

这个发现让我意识到,**消费者对商品的需求并非停留在单一维度,而是同时具有多个维度。**

购买汉堡时,消费者除了填饱肚子的需求,还会对口味产生需求。

饮用饮料时,消费者除了有解渴的需求,还会对饮料在健康维度(比如热量、维生素含量等)上产生需求。

挑选空气净化器时,消费者除了关心净化器净化空气的效率,还会对净化器的噪声、外观、耗电量等多个维度进行考量。

商品的价值以消费者需求为基础。当消费者需求呈现出多个维度,商品的价值也相应地变为多个维度价值加总的结果。

这就要求我们对商品价值的构成公式进行多维度展开

商品蕴含的价值 = 商品在维度 1 的价值 + 商品在维度 2 的价值 + 商品在维度 3 的价值 + ……

= (消费者需求维度 1 的强度 × 商品满足需求维度 1 的程度) +

(消费者需求维度 2 的强度 × 商品满足需求维度 2 的程度) +

(消费者需求维度 3 的强度 × 商品满足需求维度 3 的程度) +

……

许多企业会在满足消费者某一个需求维度的时候遇到性能天花板，但这不意味着企业无法生产更具价值的商品。根据消费者需求总是具有"多维度"这一特性，经营者可以摆脱单一的价值视角，在提升商品价值的道路上拥有更多的选择。

消费者光顾一家餐厅的时候，不仅仅需要享用美味的食物，还会在服务维度上产生需求。洞察到这一点的海底捞在保证食物美味的同时，在服务价值维度上进行深耕。与其他只专注味道这一个维度的火锅店相比，双线并行的海底捞显然能够让消费者在用餐时的整体价值获得提高，也因此更容易受到消费者的青睐。

提到冰淇淋，我们总会首先想到冰淇淋甜美冰凉的味道。然而，优选食材，改进工艺，让冰淇淋变得更加美味，是不是冰淇淋生产商唯一的竞争之道呢？如果我们对冰淇淋的消费者进行深入研究，就会在一个特殊群体身上发现一个和冰淇淋味

道完全无关的需求维度——浪漫空间。

许多人都会有这样的经验,一起分享甜蜜的冰淇淋比一起喝咖啡或红茶更能够拉近恋人间的距离。冰淇淋天然的"甜蜜"属性让恋人成为冰淇淋店非常特殊且重要的消费群体。没有人喜欢在约会的时候被嘈杂的音乐打扰。对于这个消费群体而言,一个安静、温馨、私密、浪漫的空间甚至比冰淇淋的美味更加重要。

哈根达斯非常敏锐地发现了这个需求维度,并以此为基础对店面空间进行了全方位的改造,提出"爱她,就请她吃哈根达斯"的口号。通过多维度价值的叠加,哈根达斯采用了"冰淇淋+浪漫空间"的策略为消费者创造出比普通冰淇淋店更高的价值。

与满足消费者单一需求维度相比,能够满足多个需求维度的商品蕴含更高的价值。然而,同时多维度满足消费者需求并不容易。企业需要投入大量精力改进商品,制造成本也会提高。为了能够有效提升商品价值,企业不仅要从消费者身上发现更多的需求维度,还要善于辨别消费者在每一个维度上需求强度的差异。不同的消费者会在不同的需求维度分配不同的权重。选择权重更大的需求维度进行有针对性的满足,可以使企业在投入有限的条件下,更加有效地提升商品价值。

假设消费者的需求主要集中在味道、空间、健康三个维

度。那么，冰淇淋店的经营者需要辨别哪些消费者在味道维度上的需求权重更大，哪些消费者在空间维度上的需求权重更大，哪些消费者在健康维度上的需求权重更大。针对这三组不同的消费群体，经营者只需要对相应的需求维度进行有针对性的满足，就可以在成本既定的条件下，为不同的消费者提供相对更具价值的商品。

我们在上文中提到，哈根达斯针对恋人约会对空间维度的特殊需求，充分调动企业资源给予有针对性的满足，成为众多年轻伴侣分享冰淇淋的首选之地。

空间并不总在人们选择冰淇淋店时扮演重要角色，许多消费者希望吃到口味浓郁的冰淇淋。针对这一需求，DQ冰淇淋店在1985年推出暴风雪系列，它的口味香醇浓厚，享有"倒杯不洒"的美誉。

随着人们健康意识的增强，越来越多的女性消费者在享用冰淇淋时希望能够减少热量的摄入。意大利冰淇淋品牌爱茜茜里对原材料和工艺进行严控，推出了低糖、低脂、低卡路里的健康冰淇淋，并提出"一个冰淇淋球的热量＝一个苹果的热量"的口号。

不同的消费者会在一组需求维度中对不同的需求维度分配不同的权重。即使同一名消费者，其需求维度的权重分配也会在不同的场景下发生变化。

同一名消费者在平日里更在意冰淇淋的口味，在约会时更看重冰淇淋店的空间，在体重增加时更关心冰淇淋的热量。而DQ、哈根达斯、爱茜茜里的出现，让消费者可以根据自身需求维度权重的变化，有针对性地做出最能够为自己带来价值的消费选择。

消费者总是在为一生中获取价值的总和盘算

在消费时，消费者会依据自身需求维度的不同权重，有针对性地选择可以为自己带来最大价值的商品。消费者不仅仅会在消费行为发生的时刻对自己眼前的需求维度进行考量和比较，还会在当下产生的需求维度和未来潜在的需求维度之间进行权衡。

旅行者制定出行计划时，需要把交通方式、当地食宿、景点游玩等不同商品品类放在一起进行考量。旅行者并不在意是否在某一项需求上获得最大满足，而是努力使自己在出行中各个环节收获的价值总和达到最大化。

一对筹备婚礼的情侣正在省吃俭用。这并不是因为他们不需要或者不喜欢去餐厅和电影院约会，而是因为他们对婚礼的需求更高，希望积攒更多的钱举行一场难忘的婚礼。与眼下50次外出用餐收获的总价值相比，三个月后的浪漫婚礼对这

对情侣来说蕴含更大的价值。

消费者一生中要进行无数次消费行为。金钱的有限性让这些看似独立发生的消费行为之间产生无法割裂的内在关联。一方面，消费者希望在这一次的消费行为中获得最能满足自己需求的商品。另一方面，消费者又希望节省资金让下一次的需求得到更好的满足。

在"无限需求"和"有限金钱"（包括现有资金和可预期收入）的永恒矛盾中，消费者追求的并不是在某一次消费行为中实现价值最大化，而是努力使自己在一生中的全部消费行为中获取的价值总和趋于最大化。

掌握"价值是消费者进行消费行为的核心驱动力"这一原则，可以帮助我们更清楚地认识价格在消费者的消费行为中扮演的角色。

许多经营者把"低价"看作消费者购买商品时的一种需求，但实际上低价并不能为消费者带来真正的价值，而是让消费者有机会把节省下来的钱用来购买其他商品，从其他商品身上获取价值。

在短期，低价格、低价值的商品会对消费者产生吸引力。但是在长期，消费者会对高价格、高价值的商品产生更强烈的购买意愿。人的欲望是无尽的，消费者总是期望在整个生命周期的消费行为中获得更多的价值。

第1章
打开消费行为的黑盒子

一般情况下,当收入水平逐渐提高时,消费者会把增长的收入用于购买价值更高的商品,而不是存进银行,让自己的消费支出维持不变。随着可支配收入的增加,消费者会慢慢从乘坐公交车升级到乘坐出租车,从国内旅游升级到出国旅游。每一次消费升级,都意味着消费者从所购商品中获取到更高的价值。只要一个人的收入持续增加,那么他/她就会持续地进行消费升级,购买那些能够满足其新需求和更高需求的商品。

即使消费者在某个商品上节省开支,其目的也不是省钱,而是为了在对自己来说更具价值的商品上提高支出。

消费者会为了重要的需求攒钱,在次要需求方面节省开支。当金钱足够满足重要需求以后,原本的次要需求就会变为新的重要需求,促使消费者在新的重要需求方面增加花费。换句话说,消费者购买低价商品只是暂时的忍耐,是权宜之计。一旦条件允许,消费者就会为高价值商品增加支出。

父母并非不愿意增加个人支出,但是为孩子积攒学费的需求更加强烈,于是父母会为了积攒学费省吃俭用。当子女顺利毕业后,父母为满足自身需求的消费会回到正常水平,甚至超过原来的水平,在外出就餐、旅游、购买衣物等方面增加个人支出。

性价比是另一个容易让人产生误会的"需求"。许多消费者在参与商业调研时声称,他们选购某件商品是因为"它具

有极高的性价比"。很多经营者因此把为消费者提供"极致性价比"当作企业的使命。

购买性价比高的商品和购买低价商品一样,是消费者省钱而用于购买其他更有价值商品的手段。消费者最终追求的还是价值绝对值的最大化,而不是价值与价格之间比值的最大化。

私立学校的学费往往是公立学校的十几倍,教学水平却没有这么大的差距。从价值与价格比值来讲,公立学校的性价比显然更高。但是,如果家庭的收入条件允许,很多家长还是会把孩子送去私立学校。在付费上学这一消费行为中,家长追求的是让子女获得的教育价值最大化,而不是教育价值与学费相对值的最大化。

面对不同的三款汽车,A 款的价值价格比是 200∶100,B 款的价值价格比是 20∶10,C 款的价值价格比是 2∶1,消费者会如何选择呢?虽然三款汽车的性价比比值相同,但对于消费者来说,三款汽车可以为自己带来的绝对价值差别很大(分别是 200、20 和 2)。

高收入的消费者会购买 A 款汽车,哪怕 A 款汽车的价格略微上调也没有关系。而中等收入的消费者会购买 B 款汽车。低收入的消费者会购买 C 款汽车。很多人会把这种消费选择解释为:购买 A 款汽车的消费者不在意价格,购买 B 款汽车的消费者看重性价比,购买 C 款汽车的消费者是受到了低价

的吸引。但实际上，真正驱动这三种群体消费行为的并不是价值和价格的比值，而是每一个群体都希望在自己可承受的价格范围内购买能够让自己充分享受高价值的商品。

如果我们把一个消费者一生中所有的收入看作可支配资金，把他一生中所有消费行为涵盖的万亿件商品看作一个巨型"套餐"，并设定他一生中只有一次选择套餐的消费机会。消费者既不会选择最低价格的"套餐"，也不会选择价值价格比值最高的"套餐"，而是会根据自己的资金量级选择价值绝对值最高的"套餐"。

所有对低价和性价比的追求，都是消费者为了最终实现价值总体最大化做出的暂时的"战略性牺牲"。**价值最大化，是消费者在消费行为中追求的终极目标。既是消费者某一次消费行为的核心驱动力，也是消费者整个生命周期消费行为的核心驱动力。**

本章小结：

- 价值是驱动消费者进行消费行为的核心驱动力。
- 价值由"消费者需求的强度"和"商品满足该需求的程度"两个因素共同决定。
- 消费者的需求是多维度的，且每个维度的权重不同。
- 商品的价值是不同维度价值加权的结果。

- 消费者力求在生命周期内所有交易中获得的总价值最大化。

思考题：

- 对于一个即将饿死的人来说，一块黄金和一块面包哪一个蕴含的价值更高？
- 一块大面包和一块小面包哪一个蕴含的价值更高？针对具有不同需求维度权重的消费者来说，大面包和小面包蕴含的价值是否会出现差别？
- 面包店出售的食材和味道相同但是造型不同的面包是否有意义？
- 针对面包这个品类，消费者会产生哪些需求维度？当不同的消费者处于不同的消费场景中，这些需求维度的权重总是保持一致吗？

第2章

不断为消费者创造价值

在消费行为中，消费者真正在意的不是商品本身，而是蕴含在商品中的价值。企业不应该仅仅把自己视为商品的生产者，而要把自己定义为价值的创造者。

以生产商品为表，行创造价值之实

在第 1 章中，通过对消费行为的研究，我们发现消费行为总是围绕着商品蕴含的价值展开。需求是商品蕴含价值的基础。消费者会根据自己在不同维度的需求权重，寻找蕴含高价值的商品。价值是触发和推动消费行为的核心驱动力。

从价值的角度观察和研究消费者，可以帮助企业更准确地认清消费行为的本质，这对企业经营具有重要的指导意义。

如果说消费者是价值的需求者，那么企业就应该是，也必须是价值的创造者。

从表面上看，消费者和企业之间的交易总是以商品作为媒

第 2 章
不断为消费者创造价值

介。事实上,消费者与企业之间的互动始终围绕价值展开。价值是连接消费者与企业的纽带,让处于供需的双方拥有互动的基础。

彼得·德鲁克曾说过:"管理就是界定企业的使命,并激励和组织人力资源去实现这个使命。界定使命是企业家的任务,而激励和组织人力资源是领导力的范畴,二者的结合就是管理。"

经营者如何界定企业的"使命",从源头决定了企业发展的方向。一个企业的使命与成为受世人尊敬的公司,或者力争在若干年内跻身世界500强无关。**企业的使命应该是一种以消费者需求为基础的责任担当**。迪士尼的使命是让人们过得快乐,脸书的使命是让世界的联系更紧密,阿里巴巴的使命是让天下没有难做的生意……在这些伟大企业的使命描述中,我们看到的是企业为了创造某种价值而背负的责任。

创造价值是企业存在于世的意义所在。无论企业尚处在创业阶段,还是已经成长为跨国巨头,把创造价值作为核心使命永远是企业设定目标和制订战略的重要基础。

这里需要特别指出,人类历史上有许多哲学家、经济学家、社会学家都对价值进行过深刻的阐述。本书中价值一词的含义较为狭窄,聚焦在交易行为层面,以消费者的需求为基础。企业的捐款、上缴利税和创造就业机会所蕴含的社会价

值,以及企业为股东创造了多少投资回报所蕴含的投资价值,并不在本书的"价值"一词的含义之内。

企业的使命是为消费者创造价值。如果企业的价值使命脱离了消费者的需求,会让经营者的管理偏离航道。每个经营者在管理企业时需要时常回答以下四个问题:

1. 企业的目标消费者是谁?
2. 目标消费者的需求是什么?
3. 企业通过何种方式能够满足消费者的需求?
4. 企业应该如何调动资源,比竞争对手(或者比过去的自己)更加有效地满足消费者的需求?

这几个关键问题并非独立存在,而是关于企业创造价值问题的细化展开:前两个问题与消费者需求相关,后两个问题与满足消费者需求相关。这些问题存在的意义不单单是帮助经营者找到消费者群体,或者明确业务模式,而是要让经营者在对这四个问题综合思考的过程中,为"企业创造何种价值"这个最核心的问题寻找答案。

企业存在的意义并不是为了生产和销售某种商品,也不是为了在交易中赚取利润,而是为消费者创造价值。生产和销售商品是企业创造价值的表现形式,营收和利润是企业在生产和销售商品过程中创造的价值在财务上的量化体现。创造价值这

第 2 章
不断为消费者创造价值

个行为本身才是企业存在的意义。

对于企业来说，消费者就是企业的雇佣者。总能为消费者创造价值的企业，会获得高额"工资"；无法为消费者创造价值的企业，则会面临"失业"风险。

> 消费者是企业里所有经营者和员工的老板。

许多经营者在思考企业本质的时候并没有搞清楚价值、商品、利润之间的关系，于是产生了"价值本位""商品本位"和"财务本位"三种思维模式。

在价值本位思维的指导下，经营者把企业视作"价值的创造者"。企业各个部门和层级以创造某种价值为核心目标而团结合作。经营者以创造价值的高低作为评判企业各种行为（战略、管理、运营、资源配置等）的标准。

在商品本位思维的指导下，经营者把企业视作"商品的生产者"。企业各个部门和层级以生产某种商品为核心目标而团结合作。经营者以商品生产的质量和效率作为评判企业各种行为（战略、管理、运营、资源配置等）的标准。

在财务本位思维的指导下，经营者把企业视作"利润的赚取者"。企业各个部门和层级会以实现某个财务指标为核心目标而团结合作。经营者以销售和利润的多寡作为评判企业各种行为（战略、管理、运营、资源配置等）的标准。

与价值本位思维相比，商品本位思维的弊端在于，它让经营者很容易把目光聚焦在商品的生产层面和销售层面，却忽视对消费者的了解，也难以及时把握市场的变化。

商品是价值的载体，价值是商品的内核。对消费者来说，购买商品是获取某种价值的途径和手段，而非消费行为的最终目的。同理，对企业来说，生产和销售商品应该是创造某种价值的途径和手段，而非经营活动的最终目的。

只有以价值为核心，企业才能够不断挖掘消费者的需求，不断升级和拓展经营的边界，持续不断地向消费者提供真正具有吸引力的商品。

运动服饰公司的核心价值是帮助运动员和体育爱好者表现出更出色的运动状态，而不是单纯地制造和出售运动服和运动鞋。

食品公司的核心价值是帮助消费者在饮食中获得更多的健康和愉悦体验，而不是单纯地制造和出售饮料和零食。

美妆护肤品公司的核心价值是帮助消费者在日常生活中更加美丽和自信，而不是单纯地制造和出售面霜和口红等产品。

当企业把价值作为生产和经营的核心时，经营活动中的基本活动（包括内部后勤、生产作业、外部后勤、市场和销售、服务等）和辅助活动（包括采购、技术开发、人力资源管理等）才会有机地结合在一起，成为创造价值的链条上不可或

第 2 章
不断为消费者创造价值

缺的部分。

与价值本位思维相比,财务本位思维的弊端在于,它让经营者很容易采用急功近利的方法去实现短期的财务目标,这样做会损害企业的长期利益,无法实现可持续发展。

一家企业之所以能够成立和发展,归根结底是因为它可以为消费者创造价值,而不是因为它是一个赚钱机器。销售额和利润是企业为消费者创造价值的结果和回报,而不应该成为企业存在的理由。

价值和利润的关系,就好像知识和分数。学习的目的是获取知识,分数是反映学生知识储备的量化结果。如果学生学习以考取高分为目的,那么他在学习时就会采取急功近利的方法。注重知识积累的学生可能会在某一次考试中发挥失常,但是会长期在考试排名中处于领先位置。那些在意分数甚于知识的学生,则很难复制临时手段带来的偶然成功。

当一家企业的销售额达到惊人的量级时,我们需要冷静分析企业的傲人业绩究竟是得益于海量的广告投入、大规模的促销、补贴政策倾斜,还是源自企业为消费者创造出实际价值的合理回报。只有源于价值创造的销售额和利润才是企业真正需要的健康的业绩。

1995 年,秦池集团以 6666 万元的价格夺得中央电视台广告标王的称号,随后凭借声势浩大的广告攻势在 1996 年实现

了销售额和利润超过 500% 的惊人增长。但是秦池集团的经营者并没有把资源投入原料、生产、储运这些可以提升白酒口感、健康、情感等维度的价值环节，而是在 1996 年以 3.2 亿元的天价卫冕央视标王。结果，当媒体在 1997 年爆出秦池集团通过收购川酒进行勾兑的新闻之后，一个依靠广告标王建立起的白酒帝国迅速倒塌。

一家绞尽脑汁仅以赚钱为目的的企业无法实现长期发展。为了做到基业长青，经营者需要以价值本位思维去审视和管理企业的经营活动，让企业成为"价值创造者"，而不是一台仅仅以短期盈利为目标的"赚钱机器"。

在开展经营活动之前，经营者需要首先明确企业究竟要为消费者创造何种价值，然后再以此价值为核心，调动企业的各种资源，把价值具体化在商品之中。

面对具有价值的商品，消费者自然会付钱进行交换。财务业绩是企业价值创造的自然结果。

价值决定竞争的成败

当我们把创造价值视为企业经营的核心使命时，就会发现价值不仅决定了企业经营的方向和模式，也决定了企业间竞争的成败。

第 2 章
不断为消费者创造价值

消费者手中有限的金钱总是会流向那些价值更高的商品，而价值较低的商品会逐步被市场淘汰。

许多漫画迷都期待有朝一日可以在大银幕上看到自己喜爱的超级英雄，在精彩的情节和令人眼花缭乱的动作场面中，度过一段美好的时光。针对这一需求，漫威影业和 DC 娱乐公司分别给出了自己的解决方案。这两家公司分别在 2012 年和 2017 年推出《复仇者联盟》和《正义联盟》，用不同的方式讲述了超级英雄联手对抗外星人入侵地球的故事。

这两部影片收获的结果截然不同。投资 2.2 亿美元的《复仇者联盟》在全球范围斩获了超过 15 亿美元的票房，而投资 3 亿美元的《正义联盟》收获的全球票房只有 6.6 亿美元，不到前者的一半。两部影片实际的票房差距更加明显。

DC 娱乐公司推出的影片没有获得市场的充分认可，原因并不在于他们误读了消费者的娱乐需求，而是其制造的商品满足消费者娱乐需求的程度不够高。与《复仇者联盟》相比，《正义联盟》的剧情过于简单，对英雄人物的塑造不够饱满。对于一部电影来说，剧情和人物是极为关键的两个要素。当这二者无法达到令人满意的水平时，仅仅依靠绚丽的视听效果远远无法使观众的娱乐需求得到充分的满足。

通过从电影的叙事手法、情节、表演等维度进行横向比较，我们可以发现这两部电影在满足消费者需求的程度上存在差距，

这种内在的价值差距在票房成绩上得到了最直观的印证。

价值决定成败的逻辑在企业竞争的层面同样适用。那些能够为消费者创造更多价值的企业总是会占据更多的市场份额，而不能够为消费者创造价值的企业则会逐步衰落。

在空调领域，格力空调常年保持市场占有率第一。这是因为格力空调在制冷、节能、降噪等各方面拥有的专利技术更能满足消费者的宜居需求。

在体育竞技领域，NBA作为一个成功的篮球职业联盟，其赛事收视率和票房号召力远远领先于其他国家的篮球联赛。这得益于NBA拥有出众的竞技和管理水准，能够为观众奉献更具观赏价值的比赛。

无论一家企业曾经多么辉煌，当这家企业创造的价值被另一家企业超越时，那么这家企业曾经引以为傲的商品、渠道、品牌都会失去意义。而那些能够用崭新的方式为消费者创造更多价值的企业则会迅速成长，成为市场上的明星。

在搜索引擎领域，雅虎是最早推出搜索服务的企业之一，并拥有当时世界上最受欢迎的门户网站作为流量支撑。然而，谷歌搜索反应速度更快、结果更准确、用户体验更好，很快就将竞争对手淘汰出局。

在手机领域，诺基亚一度是手机的代名词，但在苹果推出的智能手机面前毫无招架之力。这是因为诺基亚传统手机具备

第 2 章
不断为消费者创造价值

的通信价值过于单一,无法与苹果智能手机在通信、应用程序、操作系统等诸多方面提供的价值总和相抗衡。

在零售渠道领域,沃尔玛曾经是当之无愧的王者。但是亚马逊的网上商城利用海量的商品选择和足不出户的购物方式,为消费者在购物体验方面创造了更多的价值。沃尔玛实体店业务的日趋疲弱也在所难免。

经典的营销4P理论告诉我们,影响企业营收的因素主要包括:产品(Product)、价格(Price)、渠道(Place)、推广(Promotion)。当销售和利润指标不佳时,经营者往往会从这些显性的经营环节去寻找原因:企业产品性能是否落后于竞争对手?定价是否过高?铺货渠道和覆盖地区是否不足?营销推广的力度是否需要加强?

这些问题固然重要,然而还有一个更加关键、更加基础的问题需要经营者思考:**与竞争对手相比,自己企业提供的商品是否为消费者提供了更高的价值?**

消费者的消费行为本质上是一种关于价值的选择。如果经营者不能解决"向消费者提供更高的价值"这个基本问题,那么单纯地降低价格或者加强宣传只能够短暂缓解企业的销售压力,无法从根本上摆脱困境。

价值,不仅能够决定一家企业在竞争中的成败,甚至还会决定一个行业的兴衰。

在自由联络的需求维度上,移动电话比寻呼机蕴含更高的价值。随着移动电话的普及,寻呼机硬件制造和传呼台服务行业消失殆尽。

在快速获取新闻信息的需求维度上,门户网站比传统纸媒蕴含更高的价值,而社会化媒体又比门户网站蕴含更高的价值。随着一代又一代新的媒体形式的出现,老的媒体形式会逐渐退出历史舞台的中央。

在评判企业成败或者行业兴衰的时候,我们往往只能够通过阅读财务数据,做"事后诸葛亮"式的分析。如果一家企业的销售和市值蒸蒸日上,那么我们就会认为这家企业是成功的;如果一家企业的销售和市值一落千丈,那么我们就会认为这家企业是失败的。

然而,业绩和市值只是对过往经营情况的反映,我们又如何能知道经营者正在进行的管理会让企业的明天走向成功还是失败呢?答案就在于经营者需要时刻自查,是否将为消费者创造价值的使命付诸企业管理的日常实践之中。

将价值使命付诸实践

在基业长青的道路上,经营者使用价值本位思维进行经营管理仅仅是万里长征的第一步。企业需要将核心价值从口号和

第 2 章
不断为消费者创造价值

理念转化为行动和现实,为消费者创造出实实在在的具有价值的商品。

制造商品不等于创造价值。企业从供应商处购入原材料,在工厂加工制造,再把货物发到全国各地进行销售。这一整套业务动作并不意味着企业在为消费者创造价值。价值的创造必须建立在满足消费者需求的基础上,否则企业制造出来的就只是物理意义上的货品,而非可以在商业领域中流通的商品。

为了实现创造价值的使命,经营者需要完成以下两项工作:

(1) 洞察消费者的需求;

(2) 为满足消费者的需求提供解决方案。

这两项工作执行的质量,将决定企业创造的价值最终能否在市场上被消费者认可。价值创造是需求和解决方案两者结合的产物。经营者一方面需要深刻地洞察消费者需求,另一方面需要提供优质的解决方案,不可顾此失彼。

对消费者需求的洞察,源于经营者对消费者需求的高度关注、强大的数据收集和分析能力以及敏感的同理心。

消费者需求是商品价值存在的基础。在创造价值的过程中,经营者必须对消费者需求有准确的判断:商品究竟针对消费者的何种需求,该需求是否真的成立,需求的强烈程度如

何，具备相似强度需求的人群有多大……只有在准确认知消费者需求之后，企业才能够有针对性地思考应该提供何种解决方案以最大限度地满足消费者需求，为消费者创造价值。

经营者应该把消费者的需求视为指引企业发展的指南针，把那些未被满足的消费者需求当作企业价值创造的原始动力。

分析市场数据（定量研究）和组织消费者访谈（定性研究）是经营者洞察消费者需求的两种重要武器。

数据在客观上为消费者的实际行为提供了证据。在进行定量研究时，经营者需要通过对数据的收集、整理与分析，从数据中找到消费者的行为轨迹，发现问题，总结规律。接着，经营者需要将这些设想带进和消费者的访谈中，去挖掘隐藏在数字背后的源于人性的解释。同时，经营者还需要把在访谈中收获的灵感和疑问，通过定量研究的方式，用数据加以验证。

> 在挖掘需求的过程中，经营者应该把消费者视为创造价值的对象，而不是销售商品的对象。

需求决定了价值的方向，从消费者身上挖掘到不同的需求会让企业走上不同的价值创造之路。

薯片是最受欢迎的零食品类之一。世界知名的薯片品牌乐事（Lay's）把口味视为最重要的需求维度，不断推出令人垂涎的新口味。美国经典原味、意大利香浓红烩味、墨西哥鸡汁

第 2 章
不断为消费者创造价值

番茄味、得克萨斯烧烤味……满足了不同消费者的需求。针对中国消费者的饮食偏好，乐事还专门从中国餐饮中寻找灵感，研发出飘香麻辣锅味、秘汁叉烧味、小米椒爆炒小公鸡味等颇具地方特色的口味，深受大众好评。

韩国好丽友公司在薯片市场上发现了另一个截然不同的需求维度。时至今日追求健康饮食的中国消费者对薯片隐含的油脂问题有颇多顾虑。针对低油脂的健康的需求维度，韩国好丽友公司在 2009 年推出以"非油炸"为卖点的薯片品牌——薯愿，并围绕低热量、健康、适合年轻女性等信息展开宣传。在短短的三年时间里，薯愿的市场份额迅速攀升，牢牢占据了非油炸薯片市场的头把交椅。

消费者需求是价值创造工作的起点。在白酒品类中，有的企业聚焦于消费者在商务宴请场景下的需求，有的企业聚焦于消费者在家庭宴会场景下的需求，有的企业聚焦于消费者在年轻人聚会场景下的需求，有的企业聚焦于高收入消费者的需求，有的企业聚焦于低收入消费者的需求……对于消费者需求的洞察和选择，从一开始就决定了企业最终创造价值结果的走向。

是否能够找准消费者的需求，对企业的价值创造至关重要。为此，世界上许多知名企业都会设立专门的消费者研究部门，定期收集数据，组织消费者调研活动，通过专业的分析对

消费者需求进行挖掘。高质量的消费者研究报告，可以保证经营者在创新决策时，不会因为埋头于企业日常管理的工作中，而丧失对于消费者需求的敏感性。

在确定了要满足消费者的何种需求之后，经营者要调动企业的资源，去寻找能够满足消费者需求的解决方案。

解决问题的方案可以通过各种方式来实现。比如，为了满足消费者对饮用水纯净维度的需求，企业可以寻找更加洁净的水源地，也可以研发出更高级的过滤技术，还可以使用更优质的包装材料杜绝污染。至于选择何种方法，需要经营者根据企业的自身能力酌情判定。技术创新、材料创新、供应链创新，甚至是管理模式创新，都可以成为企业实现价值创造的手段。

热衷于运动的消费者总是希望运动鞋可以为双脚提供更好的缓震和保护功能。针对这一需求，不同的运动鞋服企业努力在材料革新和制鞋技艺上找到属于自己的解决之道。

1978年，耐克公司采用了航天工程师富兰克林·鲁迪（Franklin Rudy）的大胆构思，把航天服制造工艺中的气垫技术用于运动鞋的制作，推出了世界首款气垫运动鞋。与当时流行的EVA材料相比，气垫技术明显改善了消费者在运动时的穿着体验，使消费者的缓震需求得到了进一步的满足。

第 2 章
不断为消费者创造价值

另一运动鞋服巨头阿迪达斯则针对消费者的缓震需求采用了不同的技术。2013 年,世界知名的化工企业巴斯夫发明了一种具有超强缓震和回弹  能力的 Boost 材料。阿迪达斯公司决定把这种革命性的材料应用在运动鞋上,以便更好地满足消费者在缓震方面的需求。试穿过采用 Boost 材料制成的运动鞋的消费者对其缓震性能给予高度认可,并显示出极高的购买意愿。外观看似一颗颗爆米花的 Boost,一下子成为运动鞋领域中缓震技术的新标杆。

针对消费者运动时对缓震维度的需求,耐克公司和阿迪达斯公司都致力运用自己掌握的技术满足消费者需求。究竟哪家公司可以在竞争中取胜,就要看哪家公司的解决方案满足消费者需求的程度更高,为消费者创造的价值更大。

在满足消费者需求方面,许多企业并没有自己独特的解决方案,只好依靠抄袭的手段实现价值创造。"抄袭策略"可以节省大量研发成本和试错成本,但是其商品蕴含的价值很难与原创型企业的商品在市场上展开正面交锋。

首先,任何一种抄袭都无法实现百分之百的复制。这就使得抄袭品在满足消费者需求方面很难达到原创品的程度,蕴含的价值自然会有所欠缺。

其次,抄袭不能够让企业实现持续性创新。原创是一种主

动出击的能力,而不是某个具体的方案。拥有原创能力的企业可以更加敏锐地发现消费者需求的变化,并快速寻找解决之道。而这种快速的创新反应能力是抄袭型企业很难通过抄袭某一种设计或者某一项技术专利获得的。

> 短期来讲,抄袭型企业节省了创新成本,因此可以以相对低的成本为消费者输出同样的价值。这对消费者来说是有利的。
> 但是,抄袭型企业的价值变现会损害原创型企业的经济利益,降低原创型企业创造价值的动力。长此以往,市场上不会再有企业愿意为消费者创造新的价值。这会给消费者的利益带来长久的伤害。
> 因此,抄袭型企业的做法并不值得鼓励。

创造新价值永无止境

价值创新不是经营者的主动选择,而是企业为了在竞争中生存的必然结果。

消费者的需求会不断进化,满足需求的技术和方法也在日新月异地发展。这两个要素持续发生变化,从客观上要求企业必须不断创造新的价值,才能够在竞争中保持优势。只有持续创造新价值的经营活动才是真正的"价值创新"。

第 2 章
不断为消费者创造价值

价值创新既可以基于新需求,也可以运用新方案。企业挖掘消费者未被满足的需求,使用已有的技术和方法加以满足,可以被视为一种价值创新。企业基于消费者已被满足的需求,使用新解决方案提高满足程度,也可以被视为一种价值创新。

创新不是一次性的。消费者的需求和能够满足这些需求的解决方案总在不断发生变化。所有的创新都只是基于当时各种条件下满足需求的最佳方案。如果经营者寄希望于一次成功的创新就可以为企业带来长久的成功,无疑是刻舟求剑。

企业如果想基业长青,必须让价值创新成为一种持续性活动。当我们在讨论一家企业是否属于创新型企业时,并不是在统计企业有没有向市场推出伟大的发明,也并不是看企业是否站在互联网或者新能源的风口浪尖,而是要考核这家企业是否具有"持续创造新价值的能力"。**企业"持续创造新价值的能力",来自于企业"持续洞察消费者需求的能力"和"持续针对消费者需求提供解决方案的能力"。**

企业持续洞察消费者需求的能力包括:在进行定量研究时,不断强化企业对数据收集、整理与分析的能力;在进行定性研究时,不断提高对消费者洞察、界定和解读的能力。

企业持续为消费者需求提供解决方案的能力包括:对内不断强化自身在技术研究、材料开发、生产管理等方面的研发能

力；对外不断提升借鉴和使用第三方研究成果的学习能力。

企业只有在持续洞察消费者需求和持续提供解决方案两方面都具备极高能力时，我们才会认定其真正具备了持续创造新价值的能力，是一家真正意义上的创新型企业。

依据这个标准，世界上任何一家企业，无论是处于传统行业（餐饮、汽车、房地产等）还是处于新兴行业（互联网、新能源、文化创意等），无论是处于B2B型行业（石油、化工、机械制造等）还是处于B2C型行业（食品、饮料、服装等），都可以成为创新型企业，通过持续地为消费者创造新价值，在行业中长期保有竞争优势。

可口可乐在推出经典口味的可口可乐产品之后，还持续性地推出了低糖可乐、无糖可乐、低咖啡因可乐、水果口味可乐、功能性可乐等许多针对不同需求维度的创新产品。

星巴克在推出美式、拿铁、卡布奇诺等基础咖啡之后，还持续性地推出了各种风味的咖啡、高端的冷萃咖啡和手工调制咖啡，星冰乐系列等饮品，并在世界各地推出多种升级版本的概念门店，为消费者在饮品维度和空间维度创造更加多元和丰富的价值。

奥利奥在推出经典的黑白配饼干后，还持续性地推出了针对低龄小朋友的"迷你夹心小饼干"，针对白领女性的"巧轻脆薄片夹心饼干"，针对年轻人零食场景的"巧克棒"和"巧

第2章
不断为消费者创造价值

脆卷",为喜欢奥利奥口味的消费者推出更符合年龄特点和场景特点的创新产品。

> 每每提到创新,人们总是第一时间想到华为、阿里巴巴、谷歌、特斯拉这些通信、互联网和新能源巨头,但这些依赖大量科学家和工程师推动的"科技密集型"创新方法和经验,对于绝大部分企业来说难以复制。
>
> 实际上,创新型企业在我们身边无处不在。经营者需要学会从这些传统行业中识别出拥有持续价值创新能力的企业。这些企业的经验可以帮助经营者更加深刻地理解"价值创新"的内涵,学到实操性更强的"价值创新"方法。

这些创新实实在在地体现出企业在持续践行为消费者创造价值的使命。经营者并没有躺在功劳簿上沾沾自喜,而是持续性地追问:消费者还有什么需求未被满足?我还能为满足消费者的需求做些什么?在"强迫"自己不断创新的路上,企业不断积累挖掘消费者需求的有效方法和满足消费者需求的领先技术。

成功的企业善于把持续价值创新从一种使命落实为一种行动,又把持续价值创新从一种行动内化为一种能力。在不断的沉淀和积累中,重视价值使命和懂得创新方法的企业,既收获了无数消费者的青睐,也为自己在未来的竞争中挖下了一条深深的、名为"创新能力"的护城河。

不要因伪创新而洋洋自得

许多经营者深知创新的重要性,努力追踪市场上的各种新动态、新热点、新风口,并要求企业定期向市场推出新产品。然而,新产品在市场上的表现却常常让人感到失望,成功率极低。

受到语意表述的影响,经营者常常把"新"当作创新的重点,认为创新就是新品的开发和上市。对"新"的过分关注,让经营者对"价值创造"缺乏足够的关注。结果导致经营者在调动企业资源进行创新时,总是竭力向消费者生产和销售崭新的、但是价值不高的新产品。创新失败自然不可避免。

价值理论告诉我们,产品无论是"新"还是"旧",都是消费者获取价值的载体。营销专家西奥多·莱维特(Theodore Levitt)曾经指出,营销近视症(Marketing Myopia)会让经营者在创新时因为过于聚焦产品而犯下一叶障目不见泰山的错误。一旦脱离了价值,所有的创新只会流于表面,变成一种伪创新。上市的新品不仅无法取得预想的成功,为上市准备的一切研发和推广费用都将付诸东流,加重企业的经营负担。

第一类伪创新陷阱源于企业对消费者需求的错误洞察。

第 2 章
不断为消费者创造价值

经营者把"创新"片面地理解为"产品创新"。在创新过程中过于关注产品技术的研发，忽视了对消费者需求的关注和判断。创新产品看似新奇，却无法为消费者带来实质上的价值。我们将这种伪创新称为"臆想式创新"。

谈到创新，人们往往习惯于把创新和前沿科技联系在一起。许多企业经营者把创新的责任划给研发部。等产品开发完毕，再交由营销部去制订宣传方案。最后由销售部完成既定的销售指标。然而，这种看似职责清晰的三步走模式并不能保证新品上市的成功。

价值理论告诉我们，真正打动消费者的是商品蕴含的价值。当企业把技术升级视作创新的核心工作时，很容易在创新过程中忽略消费者需求。技术领先的商品未必可以带给消费者更多的价值。一旦没有价值作为支撑，商品就难以激发消费者的购买意愿。

只有能够为消费者带来更多价值的创新，才是真正意义上的创新。价值始终以消费者需求为基础。因此，为了避开伪创新陷阱，经营者必须保证对消费者需求的精准洞察。

研发部可能是一家企业中最了解前沿科技的部门，但并不是最了解消费者的部门。创新过程中，消费者研究部的参与至关重要。在决定开发何种商品之前，经营者首先要对消费者需求、市场环境、竞争对手进行深入研究。随后，再委任研发部

以消费者需求为方向，运用相关的科学技术知识，找到实现价值创新的解决方法。为了避免开发出价值模糊的新品，经营者需要确保所有的创新工作始终以消费者需求为导向，而不是以技术为导向。

2009 年，美国创新科技公司 Peek 向市场上推出了一款专门用来发送推特的 Twitter Peek 手机。这款手机售价 100 美元，除此之外用户还需要每个月缴 8 美元的移动互联网使用费。Peek 公司的 CEO 认为有一部分人不愿意花太多钱去买一部智能手机，但是依然有随时随地发送推特的需求，这部分人就是 Twitter Peek 手机的目标人群。但是到底有多少人有此需求呢？市场的回答是："几乎没有。"无论营销部和销售部多么卖力地进行宣传和推销，消费者也对这款产品提不起兴趣。在 2012 年，Twitter Peek 手机最终宣布全线停产。

电动汽车是当今世界最受关注的一项创新。在讨论电动汽车的未来前景时，我们很容易在听到"电动""新能源"这些技术名词时就感到心潮澎湃。那些将电动技术付诸实践的工程师们固然重要，但是，对消费者需求进行深入研究同样重要。消费者研究部需要协助研发部的同事深入理解消费者在驾驶汽车方面究竟有哪些重要的需求维度。电动汽车确实应用了新能源技术，但不意味着电动汽车是比传统汽车更具价值的交通工具。消费者研究部和研发部需要携手，在速度、安全、百公里

第 2 章
不断为消费者创造价值

耗能、驾驶乐趣、乘坐体验、个人品位及外观等方面,更好地满足消费者的需求,以确保电动汽车企业具有更加光明的前景。

第二类伪创新陷阱源于企业在满足消费者需求上能力的缺失。

在洞察消费者需求后,企业在创新过程中没有找到能够满足消费者需求的正确方法,结果导致产品在关键变量或者重要细节上出现缺陷。我们将这种伪创新称为"缺陷式创新"。

在进行消费者调研时,我们常常可以听到消费者对现有产品产生某种强烈的不满或者提出明确的改进要求。经营者很容易把这些声音作为产品创新的方向,寻求解决之道。然而,经营者还必须对那些没有被消费者提及的需求保持高度敏感。消费者没有讲到的需求,不代表消费者认为不重要。消费者没有提及,很有可能是消费者已经把产品的某些特性当成了默认选项。如果企业在创新时只关注某一个需求维度,忽视了对其他需求的考量,很容易制造出对消费者而言存在巨大价值缺陷的产品。

在市场调查中,百事公司发现许多消费者在饮用可乐时对饮料的颜色有所怀疑,担心饮用过多的可乐会让牙齿的颜色变得暗沉。为此,百事公司在 1992 年推出了一款名为"水晶百

事"的无色清澈可乐，弥补了市场的空白。然而，这一创新并未成功。原因是这款饮料的味道并不像可乐，而是柑橘味。消费者确实希望喝到纯净透明的可乐，但这不代表他们愿意放弃可乐本身的味道。百事公司并没有找到正确的方法去满足消费者的需求。短短三年时间，水晶百事就彻底退出了市场。

拥有150年历史的美国金宝汤公司（Campbell Soup Company）是世界首屈一指的罐头浓缩汤生产商，在美国本土占有超过一半的市场份额，其经典红白色罐头包装更是和可口可乐一样成为美国文化的标志。2007年，金宝汤公司在市场调研之后认为，中国的家庭主妇在制作汤羹时对烦琐的烹饪程序感到头痛，急需一种方便快捷的解决方法。于是金宝汤公司决定把中国这个饮汤大国视为战略要地，花费两年时间开发出一系列中式口味的罐头浓缩汤产品，试图在中国汤品市场复制其在美国的辉煌。然而，在尝试了各种市场推广活动之后，中式罐头汤始终无法获得市场的青睐，金宝汤公司不得不终止了这次雄心勃勃的尝试。金宝汤公司虽然找到了在方便这个维度上的需求痛点，却忽视了中国消费者为家人准备饭菜（尤其是汤品）时对食材新鲜度的需求。换句话说，中国消费者在熬汤时对方便快捷的需求，必须建立在食材新鲜这个大前提的基础上。中国消费者的烹饪习惯和习惯购买罐头食材的美国消费者差异巨大。金宝汤简单地复制了在美国市场的经验，结果

第 2 章
不断为消费者创造价值

为此付出了高昂的代价。

第三类伪创新陷阱源于企业对价值创造的忽视。企业既无意挖掘消费者新的需求,也无法在满足消费者需求上比同业者做得更好。

许多经营者喜欢追逐短期利益。他们之所以在企业内部推动创新,并非是为了"创造价值",而是受到了某个新兴市场潜在销售规模的诱惑,期望通过快速反应,享受新兴市场的风口红利。我们将这种伪创新称为"跟风式创新"。

经营者天生需要对企业的营收和利润负责,这本无可厚非。然而,新兴市场的快速膨胀会诱使目光短浅的经营者把精力聚焦于对先行者的抄袭,忽视对消费者需求的研究以及对企业核心能力的提升。

在决定创新方向时,跟风型经营者常常过分关注新兴行业潜在的市场规模,并沉醉于新品上市之后可能带来的销售业绩,忘记审视企业究竟要在新领域满足消费者的何种需求,以及企业在新领域内是否真正具备满足消费者需求的能力。

跟风型经营者笃信,只要能够敏锐地找到行业风口,企业就可以搭乘新兴行业迅速扩张的快车,获得令人满意的财务回报。在过去几十年间,许多行业如房地产、移动电话、智能手机、团购网站等都经历过快速增长的阶段,令跟风型经营者备受诱惑,趋之若鹜。

2010年前后，中国智能手机行业处于爆发式成长时期。面对诱人的巨大蛋糕，国内许多电子企业都把智能手机当作公司未来发展的新增长点。联想、海尔、格力、长虹等企业纷纷高举创新大旗，推出了自己的智能手机。在这些企业看来，制造新品进入新行业，让业务变得多元化，就是一种创新。却少有企业能够回答这样一个问题：在市场上充满既有选择（苹果、三星、小米、华为、OPPO）的情况下，消费者还存在哪些尚未被满足的需求？作为后进者，自己企业生产的手机可以为消费者带来何种新的价值？自身企业具备哪些特别的能力，可以使该种新价值的创造得以实现？

"跟风式创新"并不只在中国企业存在，苹果公司在1995年跟风X-box推出PIPPIN游戏主机，微软公司在2006年跟风苹果iPod推出ZUNE MP3音乐播放器，惠普公司在2011年跟风苹果iPad推出TOUCHPAD……这些案例证明，无论企业的实力多么雄厚，以搭行业顺风车为目的的创新都不具备长久的生命力，被寄予厚望的新品很快就会因为缺乏价值内核在市场上销声匿迹。

创新的关键不在于研发新的产品，开发新的渠道，或者进入新的行业，而在于创造新的价值。经营者需要以价值为核心推动企业的创新工作，时时刻刻自查企业在创新工作中究竟要满足消费者何种维度的需求，以及使用的方法能否更好地满足

第 2 章
不断为消费者创造价值

该维度需求。

只有把价值摆在首位,企业才能够最大限度地规避"臆想式创新""缺陷式创新""跟风式创新"的伪创新陷阱,提高创新的成功率。

总部位于中国深圳的传音控股(以下简称传音)成立于 2006 年。据 IDC(International Data Corporation)统计,2018 年传音手机出货量达到 1.24 亿部,全球市场占有率达 7.04%,仅落后于三星、苹果、华为,位居全球第四。传音的成功不在于它掌握了多么先进的手机生产技术,或者策划了多么高超的市场推广活动,而是得益于企业实实在在地为消费者创造了价值。

2008 年,传音决定把为非洲的智能手机消费者创造价值视为创新的方向,全面进入非洲市场。传音挖掘出非洲消费者与众不同的需求,在手机上有针对性地推出一系列创新功能。

- 非洲基础设施较为落后,供电不足,传音特别推出待机时间长达 20 天的手机。
- 传音特别研发了适合深色皮肤的摄像技术。
- 非洲消费者习惯拥有多张 SIM 卡,传音为此推出多卡多待手机。
- 非洲消费者热爱音乐,传音在音乐播放功能方面加强创新,让手机成为一个移动的播放器。

在新品研发过程中,传音并没有比其他手机企业运用更加超前的手机技术,而是认真研究非洲消费者的需求,并试图找到最合适的满足方案。这种基于消费者需求的价值创新让传音获得了丰厚的回报。根据 IDC 的数据统计,从 2016 年到 2018 年,传音在非洲市场占有率连续三年保持第一,从 33.7% 稳步增长到 48.7%,成为智能手机市场上名副其实的"非洲之王"。

创新是一件极其困难的事情,需要在许多因素的共同作用下才能成功。完美的创新离不开对消费者的准确洞察,离不开具有革命意义的科技发明,也离不开潜力巨大的市场空间。然而,价值是决定创新能否成功的基础。在推动创新之前,如果经营者不能够明确企业究竟要为消费者创造何种新的价值,那么将很容易掉进伪创新的陷阱。经营者有责任让企业的每一次创新都成为名副其实的价值创新。

价值创新的模式

创新不是目的,而是手段,是企业持续为消费者创造价值的手段。

商品的价值由"消费者需求"和"商品对需求的满足程

度"两个元素构成。经营者需要不断围绕这两个元素思考产品创新的方向:

(1)企业是否能找到新的解决方案以更大程度地满足消费者需求?

(2)消费者是否有新的需求维度需要得到更具针对性的满足?

(一) 升级式创新

价值构成公式告诉我们,商品蕴含价值的高低取决于"消费者需求的强度"以及"商品对需求满足的程度"。企业为消费者创造价值的最直接方式就是针对消费者需求寻找更好的解决方案,实现"升级式创新"。

"升级式创新"是指在消费者需求维度不变的前提下,新产品比现有产品能够更大程度地满足消费者需求,因此蕴含更高的价值。新产品和现有产品之间存在很强的替代性。

人们渴望自己的电脑能够快速准确地处理复杂任务,这就要求电脑芯片具备强大的运算能力。针对消费者的此项需求,英特尔公司常年致力于制造运算能力强的处理器,以此作为它在芯片领域的价值使命。

在超过50年的时间里,英特尔公司引领芯片技术不断突破性能极限。从初期的386、486发展到赛扬系列、奔腾系列、

凌动系列、志强系列，直到现在的酷睿系列。每一个系列，英特尔都力求在一定的成本范围内，研制出运算能力更强的处理器，满足消费者在使用电脑时对程序处理速度的需求。

每一个系列的推出都是对老一代产品的替代。然而，英特尔不在乎已经在市场上处于主导地位的系列会不会被新上市的系列夺取市场份额，只要创新的方向符合品牌的核心价值——为消费者制造运算能力更强大的处理器——那么英特尔就会全力以赴。

并不是只有科技密集型的企业才会推动升级式创新，许多看似生产工艺简单的企业也在不断追寻技术和材料的突破，力求更好地满足消费者需求。

吉列公司一直致力于为全球消费者提供顺滑舒适的剃须体验，在过去的100多年中不断突破剃刀和刀片的制作工艺：

1901年，推出极薄且坚固的一次性剃须刀片；

1971年，推出第一款双刀片剃须刀 Trac II；

1977年，推出第一款具有旋转刀头的双刀片剃须刀架；

1985年，推出第一款带有润滑条的剃须刀；

1990年，推出第一款配有高灵敏度弹簧的剃须刀；

1998年，推出第一款应用三层刀片技术的"锋速3"系列；

2004年，推出全世界第一款使用电池技术的手动剃须刀；

2006年，推出以五层刀片为特点的"锋隐致顺"系列；2014年，推出具有内置旋转剃刀的FlexBall™系列。

一代又一代的新产品在顺滑剃须这个需求维度上为消费者带来更高的价值。依靠持续的升级式创新，吉列公司在全球的剃须刀市场中始终保持领先的地位。

升级式创新为消费者的"旧"问题带来更好的解决方案。有时，某种技术的阶段性突破会让升级式创新的跨度显得异常巨大，导致整个行业实现颠覆式的升级。从黑白电视到彩色电视，从蒸汽火车到电力机车，从固定电话到移动电话……纵观人类的进步史，实际上就是一部充满升级式创新的发展史。能够为消费者不断带来升级式创新的企业，将在同业竞争中保持强有力的竞争优势。

(二) 延伸式创新

消费者的需求往往是多维度的，每个维度的权重各有不同。世界上不存在一种能够精准地满足不同消费群体所有维度的需求的商品。

"延伸式创新"是指企业不断发掘消费者新的需求维度，开发出有针对性的新产品。新产品与现有产品之间不存在绝对的替代关系，而更像是在现有产品基础上衍生出的一个新分支。

1885年,彭伯顿博士发明了可口可乐。从此,这种含有咖啡因的可乐果口味碳酸饮料逐步受到全世界消费者的喜爱。尽管可口可乐的经典配方始终保持如一,没有进行"升级式创新",但这并不妨碍可口可乐公司通过"延伸式创新"的方式为消费者创造更多的价值。

可口可乐公司发现,消费者在不同场合会对饮料的携带和存放产生不同需求。为了让消费者可以在更多的场合轻松享受饮料带来的畅快感觉,可口可乐公司在包装维度进行了一系列的创新。从最早的弧线形玻璃瓶,到更加轻便的易拉罐,再到可以反复封口的塑料瓶。从适合个人就餐饮用的335毫升装,到方便短途携带的600毫升装,从适合家庭聚餐的1.2升装,到针对多人聚餐的2升装。每一次创新,可口可乐公司都让消费者从不方便的顾虑中解放出来。

有些消费者会对长期饮用一种味道的饮料感到厌倦,于是可口可乐公司在口味维度上也进行了延伸式创新,推出樱桃(股神巴菲特的最爱)、香草、柠檬、生姜等各种新奇的口味。口味创新的目的并不是为了找到一种比经典原味更受欢迎的味道,而是让一部分有特别偏好的消费者找到更适合自己的可乐,同时为大众提供更加丰富和有趣的口感选择。

对许多消费者来说,健康是一个非常重要的需求维度。可口可乐公司先后推出了低卡路里的健怡可乐和无糖无热量的零

第 2 章
不断为消费者创造价值

度可乐。那些格外关注热量摄入同时又能够接受口味略有差异的可口可乐拥趸,从此拥有了最佳选择。

阿迪达斯是世界上专业生产运动鞋服装备最早的企业之一,旨在为运动员提供能够最大限度激发赛场表现的运动装备。

在企业成立初期,阿迪达斯的产品仅仅局限于普通的训练运动鞋和运动衣。随后,阿迪达斯开始对不同类别运动员的运动需求进行深入研究。以基础运动鞋服为原点,逐渐延伸出足球、篮球、橄榄球、棒球、网球、短跑、长跑、室内训练等各种针对性极强的细分品类。

在单一品类中,阿迪达斯依然在积极推动延伸式创新。仅以足球品类为例,阿迪达斯针对不同球员比赛风格(速度型、技巧型、全能型)和场地条件(真草球场、人工草球场、室内球场),持续研发出多个系列的球鞋产品。

得益于这种不断延伸的创新模式,阿迪达斯在经历了近70年的发展之后,成长为拥有数百条产品线,每年为全球上亿名消费者服务的体育巨头企业。

不仅仅局限于企业,许多行业实际上都在沿着延伸式创新的道路不断前行,从单一品类行业发展为细分品类多元的行业。在任何一个行业中,我们都可以找到延伸式创新的案例。

以生活用纸品类为例。卷纸是一种非常常见的个人清洁类

产品，也是纸巾类产品的最初形态。随着对消费者需求的深入研究，目光敏锐的商家发现消费者在进食之后有擦拭嘴部与手指油污的需求，便对卷纸进行改进，创新推出针对用餐场合的纸巾。后来，商家发现有些油污无法被干纸巾轻易擦拭，于是又通过创新推出湿纸巾及其升级版本——含有酒精的湿纸巾，以满足消费者清洁手口、消毒除菌的更高需求。了解到婴儿和成人的肌肤状况不同，商家分别针对成人和婴儿推出不同类型的护肤湿巾。如果细心观察，我们就会发现家庭主妇常常在整理厨房时用纸巾擦拭操作台。针对此需求，商家特意推出一种面积大、易吸水的厨房专用纸巾。从普通的卷纸到手帕纸，从湿巾到厨房用纸，纸巾行业在延伸式创新中不断发展壮大，消费者的特殊需求也在这种创新中获得了更具针对性的满足。

以照相馆为例。起初，由于人们普遍缺乏照相设备，去照相馆拍照成为人们在人生重要时刻留念的不二选择。随着数码照相机、手机拍照功能的不断发展，照相馆似乎逐步走向没落。然而，事实却并非如此。针对人们对证件照的特殊需求，许多照相馆推出专业拍摄求职照、签证照的创新业务。针对父母为孩子拍摄儿童照片的特殊需求，一批儿童摄影机构应运而生。针对人们对婚纱照的特殊需求，一批以拍婚纱照为主营业务的影楼如雨后春笋般出现在人们的眼前。如今，更是出现了以拍摄旅行婚纱照为核心业务的摄影机构。基于对消费者需求

的把握以及不断创新出具有针对性的服务，照相馆行业的规模不仅没有缩小，反而越发多元和壮大。

(三) 两种模式并用

升级式创新是一种"纵向"创新，可以通过新老交替为消费者带来更好的产品。延伸式创新是一种"横向"创新，为消费者带来的不是更好，而是更适合的产品。

这两种模式各不相同，但并不排斥。许多成功的企业在推进创新时同时采用了升级式创新和延伸式创新两种模式。

苹果公司被公认是世界上最富有创新精神的公司之一。从2001年开始，苹果公司以第一代iPod为起点，通过升级式创新和延伸式创新，不断推出让消费者惊叹的产品，一次次赢得市场的青睐。

iPod是一款极具颠覆性的音乐播放器，在2001年一经推出就轰动世界。此后十多年时间里，苹果公司不断对歌曲储存方式、电池续航能力、音质输出等与音乐播放相关的核心功能进行升级，从第一代iPod G1一直发展到第六代iPod Classic。由于功能的替代性很强，苹果每次推出新一代iPod，旧一代产品就会逐步退出市场。

在对iPod不断升级的同时，苹果公司开始研究消费者在听音乐时是不是还在其他维度具有更加细化的需求。以iPod产品为原型，推出了一系列延伸产品。2004年，体型轻便的

iPod mini问世（此系列于2005年9月升级为iPod nano）。2005年，无屏幕的iPod shuffle问世。2007年，全触屏、可自由下载应用的iPod touch问世。这些延伸系列又分别在各自领域里被不断升级。一直到2017年7月27日苹果公司宣告终止贩售iPod nano与iPod shuffle，一个属于iPod的时代才归于终结。

通过升级式创新和延伸式创新，iPod在短短十年的时间里从一个单一的产品演变为一个拥有多代、多分支的庞大家族，为苹果公司在音乐播放器领域奠定了不可撼动的地位。

然而，苹果公司创新的脚步并没有仅仅局限在音乐播放领域。在iPod touch问世之后，苹果公司迅速意识到iPod touch的核心功能——iOS操作系统+应用下载平台+全触屏——蕴含巨大能量，决定以此为基础再次展开一系列延伸式创新：

2007年6月，苹果公司推出智能手机iPhone；2010年，推出平板电脑iPad；2015年，推出智能手表Apple Watch。每一个从iPod touch核心功能延伸出来的创新产品又持续不断地自我升级。截至2018年6月，iPhone已经升级到第八代，iPad已经升级到第五代，Apple Watch已经升级到第三代。

如今，苹果公司的产品组合已经由最初一个小小的iPod衍生为一个横跨多个品类、拥有数代更迭的家族体系，它也成为世界上最具创新能力的企业之一。

第 2 章
不断为消费者创造价值

每个成功者都会面临颠覆式创新的挑战

价值决定了企业在竞争中的成败。为了在价值竞争中保持领先,经营者需要通过"升级式"和"延伸式"两种模式,更好地或更有针对性地满足消费者需求,持续不断地推动价值创新。

然而,企业实现基业长青的征途中还需要面临一个终极挑战——来自企业外部甚至是行业外部挑战者的"颠覆式创新"。

索尼公司在1979年推出体积小、重量轻的便携式磁带随身听"Walkman"。这种随身音乐播放器满足了消费者无论身处何地都可以享受音乐的需求,一经问世就广受欢迎。年轻人在腰间放置随身听,塞上耳机的形象,甚至成为一种流行文化符号。索尼公司围绕着随身听不断进行升级式创新,在1984和1992年分别推出可以播放CD光碟和MD光碟的DISCMAN和Hi-MD Walkman。

但是,Walkman为索尼公司带来的辉煌并没有一直持续下去。1998年,韩国世韩公司推出了世界上第一台MP3随身听。MP3随身听打破了播放器必须使用磁带或者光碟作为音乐存储媒质的传统,可以快捷地从网络上下载MP3格式的音乐文

件。凭借携带更加方便、储存量更大、续航时间更长的优势，MP3 随身听很快风靡全球。Walkman 持续了 20 年的销售神话逐渐走向终结。

摩托罗拉曾经发明了第一部寻呼机、第一部移动电话、第一部车载电话。诺基亚曾经连续 14 年占据移动电话市场份额第一名的宝座。当两家巨无霸型企业在手机市场上厮杀得不可开交时，谁也不会想到以 PC 为主营业务的苹果公司会用一部小小的 iPhone 给摩托罗拉和诺基亚的传统手机业务带来毁灭性的打击。

索尼、摩托罗拉、诺基亚并非不注重创新，也并非不具备创新的能力。恰恰相反，这些巨头企业在创新方面拥有许多成功的经验，每年投入创新领域的资金也高达数十亿美元之多。经营者把创新变成一种内在的常规化过程之后，索尼、摩托罗拉和诺基亚每年都会研制出更好的 Walkman 和移动电话，却始终没有在市场推出颠覆性的 MP3 随身听和智能手机。

如果我们坐上时光穿梭机，把 MP3 随身听和智能手机带给 30 年前的大众，请他们猜测一下这些伟大的创新产品是由哪家公司发明的。相信绝大多数人都会把选票投给当时如日中天的索尼、摩托罗拉和诺基亚。

我们总是认为行业中的翘楚最有机会带来划时代的革命产品，然而事实却未必如此。我们的身边每天都在涌现出伟大的

第 2 章
不断为消费者创造价值

创新产品。电子商务、网络支付平台、打车软件……它们为消费者的生活方式和消费选择带来了天翻地覆的变化。让我们感到好奇的是，这些伟大的创新为什么都发生在创新资源十分薄弱的初创企业，而没有发生在品类相关性最强、实力最雄厚的巨头企业内部呢？

每一家企业从初创到壮大再到消亡，就像一个人从出生到成年到逝去一样，都会经历属于自己的生命周期。企业创造价值的多少决定了企业处于"生老病死"中的相应状态。为了活得更久、更加健康，企业会在日常经营的各个环节中自我纠错和进化，试图成为更强版本的自己。

企业在生长的过程中需要消耗人力、物力、财力等各种资源。如果企业内部出现了一个新生的业务单元，那么这个业务单元为了生根发芽，必然会和企业原有的业务单元争夺资源。在资源争夺中，处于劣势的一方很容易因为资源匮乏而无法壮大甚至死去。

生存必定需要资源。资源的有限性会引发竞争。竞争失败的一方会因为资源匮乏而消失。在生物学中，不同物种间为了争夺生存资源发生的竞争，被称作"种间竞争"。

> 许多植物为了获取更多的阳光、水分和土壤中的营养物质，会向体外分泌代谢过程中的化学物质，抑制周边植物的生长。

成熟的企业在技术、资金、人力、管理经验上都比初创企业具备更优越的条件,就像是草原上一块水土丰沃的领地。从客观环境来看,成熟企业确实能够为新业务提供诸多资源。但是,旧业务在企业中享有更高的话语权。新业务的成长都会对旧业务形成威胁。从自我保护的本能出发,旧业务不仅不会为新业务输送成长必备的"阳光"和"雨露",还会想办法将其扼杀在摇篮中。因此,颠覆性创新很难在距离旧有业务很近的地方生长。

初创企业确实资源匮乏,但是初创企业最大的优势就是没有旧业务。颠覆式创新产生在名不见经传的初创企业中,可以确保它不和成熟企业的旧业务直接争夺生存资源,大大降低了在生长初期被遏制和消灭的概率。

人们常常认为颠覆式创新之所以总是源自名不见经传的初创企业,是因为成熟的企业与初创企业相比对创新缺乏足够的渴望;而那些初创企业里的人更加勤奋,且具备天才式的创新思维和企业家精神。根据这个发现,许多创新理论都试图鼓励企业要改变陈旧的文化,营造创新氛围,推动内部创业和赛马机制,让每一名员工都拥有企业家精神。

然而,许多伟大的企业并不排斥创新,甚至拥抱创新。以上文的索尼、摩托罗拉、诺基亚为例,这些企业都是世界上最具创新精神的典范。颠覆式创新之所以极少在大企业发生,是

第2章
不断为消费者创造价值

因为这些大企业希望将所有的资源聚焦于旧业务的创新上。一个业务逻辑不同的"新物种"反而变成为企业追求创新道路上的绊脚石。

设想一下,当史蒂夫·乔布斯和杰夫·贝佐斯带着自己的创新方案分别投奔诺基亚和沃尔玛公司,他们的智能手机方案和线上商城方案会得到公司上下的鼎力支持,开花结果吗?

如果世界上所有的企业都会在某一个时点遇到命中注定的颠覆者,那么有什么办法可以让企业在面临颠覆性挑战时仍然能够保有属于自己的丰沃领地呢?

从价值创新者到价值创新平台

此处,请读者暂时把自己想象成迈克·泰森。为了获得世界拳王的金腰带,你不停地刻苦训练,让自己变得更强。你击败了一个个对手,直到登上拳坛的顶峰。你清醒地知道远处有一名挑战者对你的金腰带虎视眈眈。为了守卫荣誉,你努力保持顶级水准,打败一个个挑战者。

但是,没有人可以一直保持巅峰状态。当你年纪变大,体力衰退,面对年轻而有活力的霍利菲尔德的挑战,你该如何做才能把心爱的金腰带留在身边?你似乎没有选择。你希望自己可以变成霍利菲尔德,成为统治拳坛下一个十年的王者。但是

你的肌肉、你的拳风、你日夜训练形成的技术特点都注定了你无法突变成另一名拳手。

将金腰带长久留在身边的方法是：让自己变成唐·金。

唐·金是泰森的经纪人，也是霍利菲尔德的经纪人，早先还曾经是拳王阿里的经纪人。世界上没有任何一个拳王拥有金腰带的时间比唐·金更久。唐·金就像是一个平台，吸纳了拳坛不同时代顶级的选手。这些选手来往沉浮，但是唐·金却屹立不倒。

在企业尚未处于行业的领先位置时，经营者需要把同业对手视为竞争的主要对象，力图让企业成为最强大的拳手。当企业能够在竞争中长期保持统治地位时，经营者就需要思考如何转变企业的角色，让企业从一名拳手变成一名拳手经纪人。

为了谋求更长远的发展，企业不应该是一个单一的业务单元，而需要变成可以容纳多个独立业务单元的平台。这种角色的转变可以加大旧业务对新业务的容纳度，改变企业旧业务与创新业务之间的关系。

如果你把自己定义为迈克·泰森，那么霍利菲尔德就是你的敌人；如果你把自己定义为唐·金，那么霍利菲尔德就是你的伙伴，而且你会尽力去调节迈克·泰森与霍利菲尔德之间的关系。

当企业只是一个单一的业务单元时，所有潜在的对企业形

第 2 章
不断为消费者创造价值

成挑战的创新业务都会被企业视为价值对立者,你们之间是你死我活的竞争关系。而当企业转变为一个更加开放的平台,企业原有业务和创新业务之间就变成了伙伴关系。

在为消费者创造价值的共同目标下,新旧业务可以规避不必要的竞争,找到各自最擅长的价值领域共存、发展。

经营者总是希望自己的企业可以涌现出更多、更好的创新成果。比创新的"出生率"更为重要的是创新的"存活率"。当企业的包容性更强,新业务会更有机会度过脆弱的初生阶段。

许多熟悉历史的朋友都会对先秦诸子百家争鸣的时代印象深刻。然而这种哲学思想的创新浪潮却在汉朝"独尊儒术"的政策下一去不返。这并不是因为此后的中国学者在智力和知识上不及先秦的思想家,而是因为在以儒家思想为主流的环境中,所有创新理念的"存活率"大大下降。新的哲学理论在逐步成熟的过程中,会被君主意志、民间舆论甚至思想者自己扼杀在摇篮中。

越开放、越具有包容性的环境越有利于创新的发展。企业不必用自己的"官方"意志去决定创新的生死,而应该使用平台思维给予创新一定的成长空间,让消费者去为蕴含更高价值的创新投出"金钱选票"。

企业从单一价值的价值创造者变成容纳多种价值协同创造

的价值平台。这种做法可以让企业在自身领域发展到极限后，有效突破瓶颈。让颠覆式创新发生在自己的企业内部，而不是企业外部。这样一来，未来那些有可能对企业形成威胁的创新都会变成帮助企业壮大的力量。

宝洁是全球最大的日用消费品公司之一。在成立之初，宝洁公司的主要业务是生产和销售肥皂。在 19 世纪中期，肥皂对美国家庭来说是极为重要的生活日用品。

一方面，宝洁积极推动在肥皂领域中的升级式创新和延伸式创新。1890 年，宝洁公司已经拥有包括象牙牌肥皂在内的 30 多种不同类型的肥皂。另一方面，宝洁公司主动拥抱肥皂品类以外的创新机会。通过持续地内部研发和外部收购，宝洁公司从一个肥皂生产商变成一个为家庭提供各种日用消费品的平台。

如今，宝洁公司的业务横跨数十个品类，包括 300 多个品牌。试想，如果宝洁公司一直将自己定义为肥皂的生产者，那么宝洁公司的肥皂业务将会在近两百年的历史中，不断遭到来自香皂、洗手液、沐浴露、洗发露、护发素、洗衣粉等这些颠覆式创新产品的沉重打击。

和宝洁公司成长的路径十分相似，世界上成立至今超过百年的伟大企业往往都以单一产品起家，但是在发展过程中对具有竞争性质的创新产品展示出极大的包容性。

第 2 章
不断为消费者创造价值

经营者不断通过升级创新和延伸式创新发展现有业务，同时让企业由单一业务向价值平台模式发展，通过内部培植和外部收购的途径吸纳更多的兼备独立性和协同性的业务单元。

Adolphus Busch 于 1876 年创立了啤酒品牌——百威，在随后的 140 多年时间里百威英博公司逐渐发展成为世界上最大的啤酒集团，在全球拥有超过 200 个啤酒品牌。

约翰·彭伯顿于 1886 年创立了可口可乐品牌，在随后的 130 多年时间里可口可乐公司逐渐发展成为世界上最大的饮料消费品集团，至今拥有超过 160 个饮料品牌。

欧仁·舒莱尔于 1907 年发明了世界上第一支无毒染发剂，在随后的 110 多年时间里欧莱雅公司逐渐发展成为世界上最大的护肤美妆消费品集团。

成立于 2004 年的脸书在全球拥有数量超过 15 亿的用户，是当今世界上当之无愧的社交之王，但是脸书公司依旧通过收购的方式将 Wahts App 和 Instagram 纳入旗下，实现了从单一产品型企业向社交媒体集团的转变。

与升级式创新和延伸式创新不同，颠覆式创新往往缺少可控性和规划性。经营者因此必须学会对颠覆式创新保持更加开放和宽容的态度。

如果经营者计划在企业内部培养颠覆式创新项目，那么经营者就需要在项目孵化初期果断采取严格的分离保护措施，让

尚未发展完全的业务免受来自成熟业务的干扰。

如果经营者计划从企业外部吸纳颠覆式创新项目，那么经营者就需要对企业外部的市场变化和新生事物保持敏锐的关注，尽早通过投资合作的方式将其纳入自己的企业平台。

商业领域的竞争，就像是各种企业在价值赛道上的你追我赶。真正的领跑者，不应该纠结于如何让一件商品永远畅销，而是应该专注于如何与时俱进地为消费者创造更多的价值。经营者不仅要学会制造新的商品打败现有的销售冠军，还要学会将更多可能击败自己的竞争者纳入自己的赛道，这种以价值为导向的开放性心态可以帮助企业实现更加长久的成功。

本章小结：

- 为消费者创造价值是企业的使命，是企业存在于世界上的意义。
- 企业的价值创造通过生产能够满足消费者需求的产品而实现。
- 企业价值创造的多少决定了企业间竞争的胜负。
- 消费者的需求会不断变化，科学技术手段也在不断提升，这两个因素客观上要求企业需要持续推动价值创造，即价值创新。
- 以现有业务为基点，价值创新可以分为升级式创新和

延伸式创新。

- 对现有业务形成挑战的颠覆式创新往往来自于企业外部。企业需要转变角色,从价值创新者转变为价值创新平台,才可以更好地应对颠覆式创新带来的挑战。

思考题:

- 对于企业来说,生产和销售商品、完成年度财务指标、为消费者创造价值,这三者的关系是什么?
- 面对一支铅笔,你可以想到哪些需求维度?针对这些需求维度,生产铅笔的企业能探索出哪些不同的价值创造之路?
- 滴滴出行App除呼叫出租车以外,推出拼车、快车、优享、礼程专车这些不同的服务类型是有意义的吗?这些服务分别为消费者创造了何种价值?如果不推出这些服务,会对滴滴出行App带来什么影响?
- 在中国,有哪些企业从最初的价值创新者发展为价值创新平台?

第3章

让价值进入消费者的心智中

企业不仅要为消费者创造价值,还要让消费者对这些价值产生认知。只有被认知的价值才会对消费者的消费行为产生实质影响。

从价值到价值认知

一件商品具有价值和消费者认识到一件商品具有价值,是两件不同的事情。**商品具有的实际价值需要被消费者认知,才能够对消费者的消费决策产生影响。**

认知,是客观事物在主观世界中的体现,但并不百分之百等于客观事物。一件商品在客观世界中具备的实际价值,是消费者在主观世界中形成价值认知的基础。然而,消费者的消费决策并不由商品的客观价值直接决定,而是由主观世界中对商品形成的价值认知直接决定。

在日常生活中,我们经常可以遇到这样的例子。一件商品

第 3 章
让价值进入消费者的心智中

客观的物理属性没有发生改变，但是由于消费者对商品价值的认知发生了改变，因此改变了原本的消费决策。

我们来做一个蛋糕实验吧。我们把一块蛋糕分成大小相同的 A、B 两块，两块蛋糕的标价相同。

在第一个实验环节中，我们要求消费者必须购买其中的一块蛋糕。由于两块蛋糕在外形和价格上完全相同，消费者选择 A 或 B 的概率均为 50%。

在第二个实验环节中，消费者被告知 A 蛋糕是由 4 个鸡蛋制作而成的，而关于 B 蛋糕则没有任何信息。关于蛋糕原料的信息会让消费者对 A 蛋糕产生更多关于味道和营养维度的价值认知，大大强化了消费者对 A 蛋糕的消费倾向。

在这个蛋糕实验中，我们发现消费者会根据掌握的信息去判断哪些目标商品能够更好地满足自己的需求，并最终做出消费决策。那些被消费者认为可以更好满足自身需求的商品，也许在客观层面并不真正具有更高的价值，但是由于获得了更高的消费者的价值认知，因此更容易获得消费者的青睐。

不同的消费者在很多时候具备共同的需求，但是由于文化背景、知识体系的差异，会对相同的事物产生截然不同的价值认知，从而展现出截然不同的消费选择。

保持身体健康是现代社会广大消费者普遍的需求。无论是中国人还是外国人，都习惯于在达到一定年龄后，通过食用一些保健品为身体带来有益的补充。受到传统文化的影响，中国

消费者很容易对枸杞、阿胶、虫草这类商品给予较高的价值认知，并表现出更强的消费意愿。而西方消费者却很难理解这些商品究竟对自己的身体健康有什么益处，反而更倾向于把维生素、钙片作为首选。

虫草和维生素片究竟有没有强身健体的功效，是否真正具备健康维度的价值，需要通过科学研究找到答案。然而，消费者在决定是购买虫草还是维生素片，以及应该以多高的价格购买时，依据的并不是两者在客观世界中实际的保健价值，而是消费者自己对于虫草和维生素片保健价值的主观认知。

中国有句老话——"酒香不怕巷子深"。这句话恰恰是一个关于价值认知的反例。实际生活中，一瓶好酒可以满足消费者的需求，蕴含很高的价值，但这种价值并不能自动转换为销量。酒客们闻不到酒香，就难以意识到佳酿的醇厚，更不会对酒产生价值认知。

酿造好酒只是酒馆经营漫长过程的第一步。在酿出好酒之后，不仅要主动让酒客闻到酒的香气，看到酒的色泽，尝到酒的味道，还要为酒起一个好听的名字，向人们介绍选料的严谨和工艺的复杂，把酒盛装在精美的酒器之中向人们展示，最大限度地建立起酒客对酒的价值认知。否则，一桶桶的佳酿就只能躺在深深的巷子中，无人问津。

为了让消费者对商品产生价值认知，企业在生产过程中为商品赋予客观实际的价值之后，还要通过宣传和沟通，把商品

第 3 章
让价值进入消费者的心智中

的价值传递到消费者的主观世界中。

苹果公司的前 CEO 马库拉（Mike Markkula）曾经指出：如果你有最好的产品，但只用"二流"的、草率的方式展示它的话，那客户就会认为你的产品是二流的。要以创造性的、专业性的方式展示它们，这样才会创造客户预期。

我们可以在现实生活中找到许多这样的例子：企业生产的商品本身并没有发生改变，但是由于消费者对商品价值的认知发生了变化，从而导致商品的销售情况产生了翻天覆地的变化。

把同样的矿泉水分别灌装到普通的塑料瓶里和精致的玻璃瓶中，会让消费者对矿泉水的质地产生截然不同的价值认知，愿意支付的价格也会有很大差异。这并不是因为矿泉水实际的价值发生了变化，而是消费者受到了包装材料的影响，在主观层面对矿泉水产生了不同的价值认知。

把同样的一款皮衣放在购物中心出售和街边小店出售，会让消费者对皮衣的用料和质量产生截然不同的价值认知，愿意支付的价格也会有很大差异。这并不是因为皮衣实际的价值发生了变化，而是消费者受到了销售场所的影响，在主观层面对皮衣产生了不同的价值认知。

2014 年，新晋美国运动服装品牌安德玛与 NBA 球星史蒂芬·库里签约，并为他推出了个人第一代签名鞋。在篮球爱好者的心中，以运动紧身衣起家的安德玛并没有在篮球鞋制造领

域展现出令人刮目相看的科技水准和设计理念。而当时还只是普通一线球星的史蒂芬·库里的号召力也相对有限，这导致库里签名篮球鞋的销量始终不温不火。

2015年6月17日，史蒂芬·库里率领金州勇士队出人意料地击败当时的夺冠热门克利夫兰骑士队，勇夺2014-15赛季NBA总冠军。就在夺冠当夜，安德玛网站上所有的库里签名篮球鞋被抢购一空。接下来的几周里，美国各大球鞋零售商争先恐后地要求安德玛补货，以应对球迷对这款球鞋疯狂的需求。

球鞋还是原来的球鞋，无论是材质、设计、配色、舒适度、功能都没有改变。从客观上讲，球鞋具有的价值并没有改变。但在主观上，消费者对同样一双球鞋的价值认知发生了巨大改变。在NBA新科冠军和头号球星光环的照耀下，之前被人轻视的材质现在看上去科技感十足，之前被人嫌弃的配色也一下子成为潮流。球鞋的客观属性不变，但消费者主观上对球鞋产生的价值认知发生了巨大改变，使得库里签名篮球鞋一跃成为当年篮球圈里最炙手可热的爆款。

价值是消费者在购买商品时的核心目标，企业应该成为价值的创造者，而不仅仅是商品的生产者。然而，企业生产出实际蕴含价值的商品后并不意味着万事大吉，如果消费者不能够认知到商品蕴含的价值，那么无论商品蕴含的价值有多高也不会被消费者购买。

第 3 章
让价值进入消费者的心智中

如何影响消费者主观层面上对商品的价值认知,成为企业在创造出有价值的商品之后,是否可以推动销售的关键。那么,消费者是怎样对商品的价值形成认知的呢?

价值认知的来源一:商品体验

实践是检验真理的唯一标准。**使用体验是消费者对一件商品价值产生认知最直接的来源。**

在我外甥不到一岁的时候,有一次我把一片切好的柠檬放在他的眼前。柠檬明黄的颜色很快吸引了他的注意力,他伸出手来"夺"走柠檬片,放进了嘴里。柠檬的酸味很快让他皱紧眉头,打了个激灵。这次亲身体验无疑给他留下了深刻的印象。当我第二次把柠檬放在他的眼前时,他无论如何也不愿意再去品尝了。

在使用商品的过程中,消费者可以切实地感知到商品的质地、功能、效果。消费者基于亲身感受,判断自己的需求是否得到满足,以及得到了何种程度的满足,从而对商品的价值形成认知。这种价值认知会深深地烙印在消费者的心智中,并对消费者以后的消费决策产生影响。

刚刚搬到一个新社区时,我对周边饭店的味道、环境与服务水准一无所知。但是在生活过一段时间后,通过几次亲身的

尝试和比较，我和家人就能够清楚地知道社区周边每一家饭店的味道如何，环境如何，服务如何。这种由亲身实践得到的认知是广告宣传或者网友评价难以撼动的。在熟悉了这些饭店之后，我可以根据自己宴请亲朋或者周末小聚的需求，挑选出最能够为自己提供价值的用餐场所。

20世纪末，网络商城在中国作为一个新兴事物，让许多消费者感到新奇，也吸引了许多企业投身其中。面对亚马逊、天猫、京东、一号店、当当、苏宁易购，以及许多实体超市的网购平台，消费者会如何选择呢？

在网络购物兴起的初期，消费者对不同的网络商城并不存在特别的偏好。今天这里有促销就在这里下单，明天那里有打折就在那里下单。随着使用网络商城的经验增多，消费者能够体会到每一家商城的优劣。网络商城的品类是否齐全，查找商品是否方便，商品信息是否丰富，商品是否为正品，价格是否低廉，送货是否及时，客服是否周到……这些一点一滴的使用体验，让消费者逐步对每一家网络商城形成了清晰的价值认知。

随着经验的积累，消费者会更加频繁地登录那些自己认为价值更高的网络商城，在上面停留更长的时间，提交更多的订单。而那些在消费者心中价值认知较低的网络商城则会慢慢遭到摒弃，最终走向没落。它们或是缩减编制，或是退出中国市场。

第 3 章
让价值进入消费者的心智中

做出消费决策之前，尽量积累更多的商品体验对消费者形成价值认知十分重要。即使无法对某件商品获得完整的使用体验，消费者仍然会尽力寻求机会积累片段式的使用体验。

站在书店的书架前，读者会习惯翻读几页文字，以了解图书的内容和写作风格是否真的如书评上描述的那样引人入胜。

尽管广告上的食物图片充满诱惑，但消费者更倾向于通过试吃来确认食物的味道是否真的符合自己的口味。

无论衣服的品牌多么有名，衣服穿在模特身上的效果多么出众，买衣服的消费者总是要面对镜子看衣服实际的上身效果并体验剪裁的合身程度，才会做出最终的购买决定。

几乎没有人会仅仅凭借广告、销售人员的推销和说明书上的性能参数就决定是否购买一辆汽车。在做出消费决策之前，购车人总要试驾一次甚至多次，在启动、加速、转弯、刹车的过程中获取最真实的驾驶体验。

商品的"黏性"对企业实现持续性销售至关重要。所谓的"黏性"是指消费者通过商品的使用体验，对商品价值产生很高的认知，从而增加持续消费的意愿。

许多经营者认为只有依靠强大的广告宣传才能够拉动销售。殊不知，商品体验才是让消费者建立价值认知最直接的武器。那些对商品性能充满信心的企业总是想方设法地鼓励消费者近距离接触自己的商品，让消费者在体验商品的过程中建立

价值认知。

宜家家居在商场提供了大量的样板房,从厨房、浴室,到客厅、卧室,再到阳台,应有尽有。宜家家居展示了不同的家居场景下的各种细节,尽可能地让消费者产生身临其境之感,在不同功能区中感受各式家具搭配的独特效果。

苹果在实体店里展示了上百件电子设备,供消费者尽情试用。热情的服务人员随时准备回答消费者的各种问题,甚至还会免费开办各种讲座引导消费者尝试各种功能。苹果相信,消费者越频繁地使用自己的商品,就越能从体验中认知到商品蕴含的价值。这种由消费者自主形成的价值认知比任何宣传都更加有力,更能让消费者与商品"黏"在一起。

2015年阿迪达斯在上海正式启动跑者基地(Runbase)项目,常年为跑步爱好者免费提供各种最新运动鞋的试穿活动和在跑步方面的专业指导。阿迪达斯相信,消费者可以在试穿过程中充分体验到跑鞋在缓震、支撑、包裹性等维度上的出色表现,根据自己的试穿体验,形成对跑鞋的高价值认知。

消费者会在试用过程中逐步积累使用体验,形成对商品初步的价值认知,进而决定是否要购买商品。接下来,消费者会在购买后的使用中获得相对完整的使用体验,形成对商品进一步的价值认知,进而决定是否要持续购买商品。如此循环往复,消费者会在重复购买和重复使用中获得更加充分的商品体验,形成更加全面的价值认知,最终决定是否要成为该商品的

忠实用户。

亲身的使用体验是消费者形成对商品价值认知最重要的来源。这一原则决定了企业必须在设计产品和服务的时候，尽可能确保消费者在使用过程中的每一个环节，都可以最大限度地体验到蕴含在商品中的价值。在亲身体验中建立的价值认知，将会长久地烙印在消费者的脑海中，对消费者未来的消费行为产生重要影响。

价值认知的来源二：商品信息

使用体验可以帮助消费者对商品形成真实可靠的价值认知，但是也有其局限性。

首先，对于消费者而言，每一次试用都意味着时间和精力的付出，试用的次数越多，消费者的决策成本越高。

例如，追求驾驶操控感的消费者在挑选汽车时总是希望可以亲自试驾，找到具有最佳驾驶体验的一款汽车。但如果消费者对自己的所有目标车款都进行一次试驾，无疑会让自己的消费决策成本大大提升。

其次，短暂试用带来的体验并不一定具备说服力，有许多商品的价值需要较长时间的使用才能被消费者准确认知。

例如，消费者对一辆汽车的制动性、平顺性、耗能等维度

的价值认知，无法通过某一次试用就构建完毕，而是需要积累长期的使用体验才能建立得相对完整。

最后，许多商品的价值可能永远也无法被消费者通过使用体验认知。

例如，追求安全的消费者希望汽车拥有坚固的车身框架和反应迅速的安全气囊。然而，除非出现交通事故这种极端情况，否则消费者无法通过亲身体验对驾驶安全相关的价值维度形成认知。

基于以上三点，我们发现：使用体验固然重要，但是消费者在体验商品时需要消耗时间、精力甚至承担风险，单纯依赖使用体验去构建价值认知，会为消费者的消费决策增加许多成本。为此，消费者需要在没有使用体验的情况下，借助另一种渠道——商品信息——构造对目标商品的价值认知。

在选购汽车时，消费者会主动搜寻尽可能多的信息以帮助自己建立价值认知。这些信息包括来自售车企业的介绍、电视广告、官方网站、销售人员的问答；也可能来自第三方，如亲朋好友的口碑推荐、汽车论坛的经验分享、专业人士的分析等。这些信息的来源五花八门，信息质量也千差万别，消费者会根据自己的知识储备，对这些信息加以整理和综合分析，得出关于对目标商品的价值判断，最终做出消费选择。

第 3 章
让价值进入消费者的心智中

收集并分析信息，是除商品体验外消费者建构对目标商品价值认知的另一个重要手段。

利用信息建构价值认知的模式不仅仅体现在购买汽车、电器、家具这些单价高的耐用品类行为中，也体现在消费者购买服饰、食品、日化这些单价低的快消品类行为中。

在购买牛奶时，消费者会特意查看一下奶源地（奶源地作为一种信息，可以帮助消费者建构关于牛奶安全性的价值认知）。

在购买护肤品时，消费者会对包装精美的产品更加倾心（包装材质作为一种信息，能帮助消费者建构关于护肤品档次的价值认知）。

在购买水果时，消费者会比较一下水果的颜色（颜色作为一种信息，能帮助消费者建构关于水果新鲜程度和口感的价值认知）。

聪明的企业总是懂得该把哪些信息传递出去，以便于消费者可以凭借这些信息对目标商品在不同维度上形成清晰准确的价值认知。

受到专业知识和个人经验的限制，消费者理解信息的能力千差万别。企业不仅要主动向消费者传递信息，还要用消费者听得懂、记得住的方式对商品信息进行阐释，以便消费者可以快速有效地形成对商品的价值认知，在众多商品中做出消费选择。

1965年，美国佛罗里达大学的研究人员研制了一种运动饮料——佳得乐。这种饮料不仅可以帮助运动员补充运动中身体所缺的水和电解质，还可以提供碳水化合物来增强运动耐力。如果单纯依靠运动员的亲身体验去判断佳得乐与普通饮料相比蕴含的特殊价值，可能需要很长的时间，而且效果并不明显。在做推广时，佳得乐从信息传递入手，积极地向运动爱好者介绍饮料的科学配方和原理，解释运动之后需要同时补充水和电解质的意义，并提出了"体渴"的概念。随着对饮料配方和工作原理的不断了解，消费者在运动场景中对佳得乐产生了高于普通饮料的价值认知。如今，佳得乐在美国运动饮料市场的市场占有率已经超过80%。

许多高端美妆护肤品牌都会为自己在百货商店的品牌专柜配备经验丰富的美容顾问或专员。与大卖场普通促销人员相比，这些专职美容顾问的主要职责并不在于整理货架、收款结账或者介绍促销机制，而是向每一名潜在消费者传递关于品牌的信息。高端护肤品牌往往价格不菲，消费者必须对商品产生足够高的价值认知，才会进行消费。精美海报或者宣传手册上传递的信息非常有限，这时候就需要美容顾问基于对消费者的了解传递出合适的信息——为什么这一款面霜的质地清爽而另一款面霜的质地绵密，新推出的粉底究竟好在什么地方，号称爆款的精华液含有什么成分，而这些成分是如何改善面部问题

第 3 章
让价值进入消费者的心智中

的……当美容顾问把这些专业而翔实的信息介绍给消费者后,能够大幅度提升消费者对商品的价值认知,进而强化消费者的消费意愿。

iPhone 是有史以来最具颠覆性的商业发明之一。与传统手机相比,iPhone 智能手机带给消费者无与伦比的使用体验。尽管如此,乔布斯还是希望能够加快消费者对 iPhone 价值认知的速度。为此,他精心准备了长达两个小时的 iPhone 上市发布会,详细地向全球消费者展示智能手机的各种创新功能和每一处细节。通过主动传递信息,乔布斯令消费者即使隔着屏幕也能够充分认识、理解和感受到 iPhone 蕴含的独特价值,这大大缩短了一款产品由默默无闻到众人追捧所需的发酵时间。

电视购物节目可能是最懂得利用商品信息塑造价值认知的广告形式。普通的电视广告只有 15~30 秒的时间,企业可以向消费者传递的信息非常有限。电视购物节目的时长一般在 15~30 分钟。主持人有充分的时间,可以详细地向消费者介绍商品的各种信息。从外观设计、材料质地,到功能效果、特点属性,再到使用方法、用户体验,不遗漏一丝细节。电视购物节目展示商品信息的手法也很丰富,包括数据展示、实地视频、现场实验、效果比对等。这样做的目的就是希望消费者对产品拥有全方位的了解。消费者对商品的认知越详尽,越有助于提升对目标商品的价值认知。

消费者只能够在使用商品时获得商品体验,却能够在各种场合下获得商品的信息。经营者需要善于使用各种信息触点,让这些触点彼此连接,和商品一起构成一条完整的价值认知链条。

信息触点一:商品名称

商品名称,是消费者接触商品的第一个触点,也是获取商品相关信息的第一个触点。

商品名称是消费者建立对商品第一印象的来源,又是一个免费的信息沟通渠道,因此商品名称成为构建价值认知链条中十分重要的一环。尽管商品名称只由一两个词组成,信息量有限,无法彻底诠释一件商品的价值内涵,但会让消费者顾名思义,形成对商品价值认知的初步印象。

许多企业都会根据产品特性,为商品选取一个具有指向意义的名称。例如,玉兰油可以让人很容易联想到美丽和滋润,飘柔可以让人很容易联想到长发飘飘和柔顺,宝马可以让人很容易联想到高贵和速度感。

还有一些企业则会根据音译为商品选取名称,这些名称本身并不具备特别的含义。比如,SK-II、沙宣、奥迪。这些名称相对中性,消费者很难在第一次听到这些名称时在脑海中对

第 3 章
让价值进入消费者的心智中

商品的特性和价值产生特别的认知。

两者相比,具有指向意义的名称可以在与消费者接触的第一时间就传递信息,有助于消费者对商品价值认知的建立。

克劳德·霍普金斯曾经说过,"名字就是广告"。这句话背后的含义是,"名字和广告一样,都是构建价值认知的重要工具"。如果企业在选取名称时没有从构建价值的角度出发,草率地选取了一个信息承载量小的词语作为商品名称,那么就等于是白白放弃了一个有助于构建价值认知的重要武器。

在为商品取名时,我们可以从构建价值认知的角度判断哪些商品的名称更加得当。

椰树牌比维他可可的含义更直接,更容易让人联想到以椰子汁为原料的饮品(很多人第一次看到维他可可这个名字时会以为这是一款富含维生素的可可饮料)。

三只松鼠比沃隆(一个坚果零食品牌)更能够让人联想到坚果类食品。

农夫山泉比怡宝更容易让人对水产生天然纯净的联想。

1927 年刚刚进入中国时,"Coca-Cola"有个拗口的中文译名"蝌蚪啃蜡"。这个名称传递信息的能力简直是灾难性的。消费者不仅不会对这款饮料的口味产生任何正面的价值认知,还会产生令人反胃的联想。直到 20 世纪 30 年代,可口可乐公司以 350 英镑的奖金向全球征集中文译名,选中了旅英学者蒋

彝的译名"可口可乐",才以此为起点重新发展中国业务。有趣的是,中文的可口可乐是在全球所有译名中,唯一一个在音译的基础上具有指向意义的名称。

具有指向意义的名称可以帮助商品在消费者心智中构建价值认知,但同时也会因为名称明显的指向意义限制商品的延展属性。

比如前面提到的椰树牌、三只松鼠和农夫山泉,就会在进行商品延伸时(从椰汁进入核桃露,从坚果零食进入膨化零食,从矿泉水进入碳酸饮料)遇到一定的阻力。

因此,企业经营者在为商品挑选名称时,一方面要考虑以期待构建的价值认知为核心,让名称尽可能向消费者传递关键信息,另一方面也需要考虑到未来商品延伸的边界。

在这里有一点需要澄清,商品名称只是构建价值认知的许多环节中的一环,而且与其他环节相比,商品名称能够承载的信息量有限,并不能够对构建价值认知起到决定性作用。任何企业都不应幻想依靠一个完美的名称,就能够缔造销售奇迹。

但是,企业经营者仍然要对商品名称的选取给予足够的重视,把这个会形影不离伴随商品完整生命周期的要素运用得当,让其随时随地都能够在消费者和商品的互动中为构建价值认知发挥作用。

零食品类中，有特别指向意义、有助于建构价值认知的名称：

良品铺子：强调优质感

三只松鼠：强调坚果类零食的专业性

周 黑 鸭：强调鸭肉类食品的专业性

口 水 娃：强调好吃以及针对儿童群体

来 伊 份：强调小包装

牛奶品类中，有特别指向意义、有助于建构价值认知的名称：

蒙　　牛：利用产地强调牛奶品质

舒 化 奶：强调容易吸收

每日鲜语：强调新鲜

营养快线：强调富含营养

特 仑 苏：蒙语中"金牌牛奶"之意，强调品质

信息触点二：商品包装

名称是消费者听说一件商品的必然触点，而包装则是消费者看到一件商品的必然触点。

站在货架前挑选商品的消费者可能不曾听过商品的名字，但是一定会看见商品的包装。与名字有限的字数相比，包装不仅可以承载更多的文字信息，还可以通过图案、造型、材质，

去影响消费者对目标商品的价值认知。

文字、图案、造型、材质,组成了包装的四大基本要素。企业在设计包装时需要最大限度地利用这四大要素,让消费者在看到商品的第一时间,就能够迅速在心智中构建起对商品的价值认知。

消费者浏览货架的时间极为短暂。聪明的企业会把最重要的文字和图案印刷在包装上最显著的位置,让消费者在匆匆一瞥中就可以抓住核心信息,明确地认知到商品的核心价值。

乐事薯片的核心价值是为注重口味的消费者提供难以拒绝的美味薯片。因此,乐事薯片的包装上,总是把令人垂涎的食物图片——牛排、烤鸡、番茄等,摆放在包装的正中间,强化消费者对诱人口味的价值认知。

薯愿薯片的核心价值并非诱人的口味,而是为注重健康的消费者提供一种油脂含量较低的薯片。因此,薯愿在包装上特别设计了一个"非油炸"的标识,并用盖章的方式印刷在包装上最容易被消费者看到的位置。

除去包装上面印刷的信息,包装造型本身也会向消费者传递信息。

特仑苏是一个定位于高端市场的牛奶品牌。为了强化特仑苏具有高端品质这个信息,经营者并没有采用牛奶常用的长方体利乐包装,而是特意设计了一种多边钻石造型包装。这种特殊的造型不仅让特仑苏与其他牛奶在外观上产生明显的区别,

第3章
让价值进入消费者的心智中

更潜移默化地向消费者传递了"高端品质"这个信息。

不同的包装材质也会传递出不同的信息，影响消费者的价值认知。

把同样的酸奶放进利乐包装和瓷罐包装，会让消费者接收到不同的信息，对酸奶形成不同的价值认知。利乐包装会让人对酸奶的食品安全多一份信心，而瓷罐包装则很容易让人联想到传统和古法带来的口味，甚至会勾起儿时的回忆。酸奶厂商在选择包装材料时，需要首先明确自己的商品究竟要为目标消费群体创造何种价值认知，然后再根据包装材料传递出来的信息去判断哪一种包装选择最有利于这种价值认知的构建。

许多企业在设计包装时容易走进一个误区，认为设计是否精美、用料是否考究是衡量包装设计优劣的核心标准。然而，作为最贴近商品的信息载体，包装的核心功能不是取悦消费者，而是向消费者传递信息，让消费者能够在与商品接触的短暂时间内最大化地构建对商品的价值认知。

包装就像一个舞台，可以承载丰富的内容。在这个舞台上，企业究竟要向消费者传递怎样的信息？哪些信息是主，哪些信息是次？这些信息是否都围绕着商品既定的核心价值认知而存在？这些都是经营者在设计包装时需要考量的关键问题。

信息触点三：商品感官

我们在前文中介绍过，消费者在使用商品时会得到与满足消费者需求直接相关的体验，消费者从商品的使用中直接体验到商品的价值，形成价值认知。

以运动鞋为例，许多消费者在选购运动鞋时，会把运动鞋的缓震功能视为最重要的需求。针对此项需求，耐克公司在1978年采用了航天工程师富兰克林·鲁迪（Franklin Rudy）的大胆构思，将航天服制造工艺中的气垫技术用于运动鞋的制作，推出了世界首款气垫运动鞋。与当时流行的EVA材料相比，气垫技术明显改善了消费者在运动时的穿着体验，为消费者创造了更高的价值。消费者在使用商品的过程中切实体验到自己的需求被满足。**我们把这种与实际价值相关的价值认知体验，称为商品的"实际价值体验"。**

除此之外，消费者还会在从商品中获得另外一种体验。这种体验并不能直接满足消费者的需求，但是却可以向消费者传递出某种信息，这种信息会影响消费者对商品的价值认知。

还是以运动鞋为例。1987年，耐克公司推出"可视化气垫"设计。这一设计让消费者可以直观地看到原本隐藏在球鞋内部的气垫。消费者购买运动鞋的真正需求是缓震功能，而

第3章
让价值进入消费者的心智中

不是看到气垫。可视化气垫的设计并不能为消费者在缓震维度上带来实际价值，却可以让消费者快速构建并强化对运动鞋缓震维度的价值认知。消费者不必亲自试穿运动鞋，只要看到外露的透明气垫，头脑中就能够对缓震功能形成价值认知。这种源于商品的视觉体验大大提高了企业构建价值认知的效率。**我们把这种与实际价值无关，但仍然有助于强化认知的体验，称为商品的"感官信息体验"。**

商品的"实际价值体验"意味着企业创造了真实的、可以被消费者切身体验的价值。在研发和设计商品时，企业应该把商品的"实际价值体验"放在首位。例如，搜索引擎公司应该尽力提高搜索的反应速度和搜索结果的准确性，羽绒服制作企业应该尽力提高衣服的保暖性和设计感等。

然而，经营者需要谨记，商品不只是体验的终点，还同样是一个"信息"的触点。消费者在使用商品之前，会通过看到、触摸到、闻到、听到来搜集关于商品的各种信息，这些信息会对消费者形成价值认知起到关键作用。

戴姆勒是世界知名的轿车制造商。在力求为消费者提供高性能轿车的同时，戴姆勒并没有忽视通过感官体验去强化消费者对轿车高质量价值认知的努力。通过研究发现，一种独特的"闷声"会让消费者对轿车的质量在潜意识中产生好感。20世纪90年代末，戴姆勒在公司内部成立了一个全新的部门，专

门研究如何制造出完美的开关车门声。尽管好听的开关门声音从来不是消费者选购汽车的真实需求,但是这个十分微小的细节体验能向消费者传递出一种信息,会让消费者对轿车质量价值认知产生重大影响。

追求健康是消费者选择果汁类饮料的重要需求之一。然而,健康这个需求的体验属性很弱。消费者可以在饮用的过程中通过体验判断一杯饮料是否"美味",却很难在饮用的过程中通过体验判断一杯饮料是否"健康"。为了在消费者的心智中构建起健康果汁的价值认知,美汁源果粒橙不但精心为商品选择恰当的名称、设计出阳光感十足的包装,在广告中反复强化健康果汁的信息,还在商品体验方面别出心裁,在果汁中加入了真实的果肉颗粒。尽管果粒橙果汁本身并不是百分之百地由水果鲜榨而成,但是果肉颗粒的饱满口感向消费者传递了一种"真材实料"的信息,让消费者在饮用饮料时大大提升了对果汁鲜榨程度的价值认知。

信息触点四:商品广告

信息技术的兴起和发展,使报纸、广播、电视、互联网等大众传播媒介不断涌现。数以万计的媒体犹如毛细血管一样遍布在社会中,源源不断地将各种信息传递给消费者。从报社到

第 3 章
让价值进入消费者的心智中

杂志社,从广播电台到电视台,从门户网站到公众号,每个人都被各式各样的媒体紧紧包围。

公众媒介的出现与兴盛,为企业与消费者在非消费场景下进行信息沟通提供了渠道。 从此,企业向消费者传递信息的场所不必局限于销售终端,而是随着公众媒介的兴起,深入消费者生活的时时刻刻。

随着媒介的发展,广告应运而生。企业通过制作和投放广告,大大增加了与消费者进行信息沟通的场合和频次。广告蕴含着与商品相关的重要信息。这些信息被消费者接收和消化后,形成对商品的价值认知。

广告的形式多种多样:电视广告、广播广告、报纸和杂志硬广及软文、赛事赞助、节目冠名、地铁和公交站台海报、街头传单、网站页面的横幅和弹框广告、视频贴片、社交媒体广告、线下活动……

无论广告形式怎样变化,广告作为信息传递工具的本质并没有改变。企业为了能够让商品触达更多的消费者,需要向渠道商支付"商品通路租金"。同样,企业为了能让信息触达更多的消费者,需要向媒体支付"信息通路租金"。企业向媒体支付费用,获得向消费者传递信息的权利,在规定的时间和场所向消费者传递信息,以达到构建价值认知并最终提升销量的目的。

与价值认知链条上其他环节相比,广告在传递信息方面拥有三个独特的优势,使其成为企业主动出击,构建价值认知的利器。

第一,广告触达的消费者人群最广。

无论是商品的名称、包装还是销售终端,都需要被动地等待消费者走近商品才能发挥信息传递的作用。广告则可以主动出击,向那些距离消费终端遥远,甚至对商品一无所知的消费者传递信息,构建价值认知。

第二,广告蕴含信息的内容更丰富。

消费者有时候需要接收许多信息才能构建完整和明确的价值认知。商品的名称、包装和销售终端能够容纳的信息是有物理限制的,而广告则不存在这个问题。无论是电视广告,还是文字报道,只要推广预算允许,企业可以在公众媒介上购买到足够的时间和空间向消费者传递丰富的信息。

第三,广告表述信息的创意空间更大。

同样是传递信息,商品的名称和包装只能在文字和图片上下功夫,但是广告则能以拍摄一段视频,创作一首歌曲,组织一场线下活动等各种充满创意的方式向消费者传递信息。创意能够让消费者加深对接收到的信息理解和记忆,大大提高信息传递的效率。

正是由于以上三个原因,广告成为企业向消费者传递信

息，构建商品价值认知极其重要的环节，成为许多经营者在构建价值认知时的首选阵地。

信息触点五：商品销售终端

销售终端不仅仅是消费行为发生的地方，更是向消费者全方位输出信息，构建价值认知的重要空间。

如果想尽快了解一个人，除了与其见面，到他/她居住的房间参观一下恐怕是最好的选择。同样，亲临商品的销售终端，可以让消费者对商品获得更多的认知。

销售终端包含的要素看似和商品蕴含的实际价值无关，但实际上无时无刻不在向消费者传递信息。这些信息被消费者在潜移默化中吸收，并投射在商品身上，转化为对商品价值认知的判断。

如果说商品的名称和包装只是利用文字和图案向消费者输出二维信息，那么商品的销售终端则能够调动消费者看、听、闻、触等各种感官，以三维甚至是四维的方式，全面立体地向消费者传递信息。

商品门店的装饰风格，播放的音乐，销售人员的仪表、服务态度、介绍商品所用的话术，甚至是空气中弥漫的味道，都会成为一种信息被消费者接收、吸纳，最终转化为消费者对所

售商品的价值认知。

消费者走进门店的第一印象来源于门店的空间布局和装饰风格，这种印象会被消费者在潜意识中自动投射到对商品价值认知的判断上。

窗明几净的门店环境会在正面影响消费者对门店所售商品质量的判断。而设计相对老旧的门店则会让消费者对所售商品的美感和设计品位产生怀疑。

同样一家体育服装店里，如果店内的显著位置摆放了哑铃、格斗甩绳和沙袋，那么消费者会认为该品牌服装在肌肉训练方面的专业性更强。如果店内陈列了许多演艺明星的街拍照片和街头感十足的涂鸦作品，那么消费者则会对该店内服装的潮流属性（而非运动专业属性）给予更多的认可。

除了视觉的呈现，消费者在门店里闻到的气味、听到的音乐、感受到的温度，也同样会对消费者构建价值认知产生影响。

消费者进入一家咖啡店后，如果在空气中闻到一股淡淡的、令人愉悦的咖啡香气，会在潜意识中强化对咖啡味道和质量的价值认知。而如果消费者在门店内什么气味也没有闻到，又或者闻到的是来自空气清新剂中的柠檬香气（即使这种气味本身并不令人反感），都会下意识地对咖啡店的专业水准产生怀疑。

第3章
让价值进入消费者的心智中

在销售终端，服务人员呈现出的形象同样包含了丰富的信息，对消费者构建价值认知至关重要。

在奢侈品行业，门店服务人员自信的气质、得体的谈吐、考究的西服、一丝不苟的妆容都有助于让消费者相信店内出售的商品做工精细，品位高雅，让消费者在潜意识中对企业产生价值认知。

在运动行业，如果销售员和收银员身材走样，会影响消费者对门店所售商品在运动专业维度上的价值认知。经营者应该招募充满活力和运动感十足的年轻人在店内为消费者服务，并为他们配发最能够体现健美身材的运动服（而不是一本正经的西服，或者宽松肥大的休闲服）作为工作服。

无论门店空间的大小，也无论消费者滞留时间的长短，一旦消费者身处销售终端，他/她所获得的体验都应该是沉浸式的，所接收到的信息来自于销售终端的每一个细节。企业经营者必须对门店包含的所有要素都精心考量，不能放过一丝一毫。

有的企业为了提高门店单位面积的销售效率，试图在有限的空间内陈列更多的货品。有的企业为了节约运营成本，选择粗劣的陈列工具和低瓦数的灯泡。有的企业把销售人员仅仅当作理货员和收银员，而非形象官、信息官和服务官，于是只愿

意花费最低的工资雇佣态度慵懒的员工。这些所谓的"节省"或许可以让门店的运营成本降到最低,但是却无法让门店作为"构建价值认知"的重要一环发挥任何作用,甚至会发挥反作用。从长期来看,得不偿失。

并不是所有的企业在销售商品时都拥有自己专属的零售门店。许多消费品企业需要借助大卖场和便利店的渠道资源,把自己的商品摆上货架,供消费者挑选。那些真正懂得利用销售终端构建价值认知的经营者,会千方百计地在卖场中营造出一个只属于自己独有的空间,在此空间内向消费者传递信息,构建价值认知,促进销售。

走进大卖场,我们总会在人行通道上发现一个又一个堆满某品牌商品的地堆。在这个一米见方的有限空间里,品牌商会想方设法地把最能够打动人心的信息传递给路过的消费者。有时还会配置销售人员在一旁用扩音器介绍商品的关键信息。采用这种做法是为了在销售终端营造出属于商品独有的信息空间,提高构建价值认知的效率。

随着网络技术的发展,销售商品的门店已不仅仅局限在线下实体店,也包含线上的网络店铺。网上商城不仅仅是消费者查找商品、下单、结账的场所,也是消费者收集信息,形成价值认知的场所。企业在天猫或者京东的官方旗舰页面上展示的视频、图片、文字等一切信息,都将对消费者认知商品价值产

生重要影响。

无论是自营的门店、卖场里码放的地堆,还是网络商城的旗舰店,这些销售终端都是消费者距离商品最近的场所。那些善于调动终端各种信息要素,愿意在细节中投入的企业,总是可以更加高效地构建消费者价值认知,并在销售上获得超额的回报。

构建价值认知闭环

消费者的消费行为由消费者对商品的价值认知决定。价值认知的形成,来源于消费者在使用商品时的亲身体验,以及自己掌握的关于商品的各种信息。

在消费者形成价值认知的过程中,体验和信息并非各自独立发挥作用,而是构成一个彼此影响、相互印证的封闭循环,我们将其称为"价值认知闭环"。

在购买和使用一件商品之前,消费者通常会或主动或被动地接触与商品相关的各种信息。这些信息有的来源于企业宣传,有的来源于第三方评价。信息涉及的内容不同,有正面的也有负面的。消费者在综合分析可获取的所有信息之后,会对商品形成价值认知,并根据这种认知进行消

费选择。

如果消费者认为单纯依靠信息形成的价值认知不足以让其做出正确的消费决策，那么消费者倾向于通过试用的方法去获取使用体验，综合利用信息和体验两种手段构建相对完整的价值认知。当然，这种短时间、一次性的试用体验具有一定的片面性，但仍然是消费者在付出真金白银之前，构建对商品价值认知的有效方法之一。

购买商品之后，消费者对商品的价值认知并不会一成不变。消费者会在长期使用商品的过程中根据更加完整的亲身体验去印证早先形成的价值认知。

如果使用体验与之前的认知相符，甚至超出预期，那么早先在消费者脑海中形成的价值认知就会得到加强；如果使用体验与之前的认知不符，那么早先在消费者脑海中形成的价值认知就会被削弱。被加强或削弱的价值认知将会直接影响消费者未来的消费选择。

从收集与商品相关的信息，到试用商品时获得的短暂体验，再到长期使用商品获得的完整体验，消费者的价值认知会在循环印证中逐渐趋真。

在一个自我强化的良性循环中，信息会帮助消费者快速形成正确的价值认知，而体验会强化这种认知，并让消费者对商

第 3 章
让价值进入消费者的心智中

品的信息记忆得更加深刻。完美的价值体验甚至会把消费者变为一个信息发射器,成为商品价值正面口碑的传播者。

在一个自我削弱的恶性循环中,信息虽然会促使消费者购买商品,但是购买后的真实体验则会让消费者打破之前形成的价值认知。消费者不仅会在下一次购物时拒绝重复购买,甚至会把自己的不良感受向外传递,变成负面信息的传播者。

价值认知是一个由商品信息与使用体验反复交织在一起的、无法被打破的闭环。

消费者依靠信息建立起的价值认知,会经受使用商品时实际体验的检验。而实际体验形成的价值认知,又会被消费者提炼为一种信息,影响下一次的消费决策,甚至会被传播,成为影响他人消费决策的信息。

在价值认知闭环中,信息和体验缺一不可。消费者不会只依靠一种渠道就形成对商品价值的固定认知。因此,企业也不能期望只依赖一种渠道就可以把价值认知牢牢建立在消费者的心智中。

企业不能够单纯依靠传播信息去制造一个虚假的价值认知。

铺天盖地地投放广告、做出言过其实的承诺、用灌水的方

式影响用户点评的风向……这些做法也许可以诱导少数不明真相的消费者在首次购买时做出错误的选择。但是，真实的使用体验必定会让虚高的价值认知回归到应有的水平。当消费者不再重复购买商品，甚至向他人传递有关商品的负面信息时，商品的销量将面临断崖式的下跌。

企业也不能够单纯地依靠使用体验，被动地等待消费者在使用商品的过程中逐步形成价值认知。

尽管依靠体验形成的价值认知足够真实，但这种做法太过消耗时间和成本。消费者没有精力，也没有能力在每一次使用中细心发现和总结商品蕴含的独特价值。与其让消费者通过上百次的使用去发现商品的价值，企业不如在一开始就向消费者传达明确的信息。利用信息快速有效地建立价值认知，不仅可以提高销售效率，还可以帮助消费者快速有效地做出正确的消费选择。

一件商品能否赢得市场，关键在于企业能否在消费者的心智中为该商品塑造强有力的价值认知。为此，企业需要同时兼顾信息传递与体验输出。

一方面，企业需要强调信息先行，让消费者在购买商品之前，就获得对商品准确的价值认知。另一方面，企业需要确保体验为王，让消费者在实际使用商品之后，成为企业的推荐

第 3 章
让价值进入消费者的心智中

者,而非负面信息的传播者。

当信息和体验同时发挥作用时,两者就会在消费者的心智中产生自我印证和自我强化的滚雪球效应,不断强化消费者对商品的价值认知,最终为企业在销售上带来巨大回报。

初为父母的消费者担心成人沐浴用品会对婴儿柔嫩的肌肤带来伤害。针对此种需求,强生公司的科研团队基于婴儿的肌肤特点研发了"无泪配方的沐浴用品"。在宣传婴幼儿护肤用品时,强生公司将"温和不刺激"作为最核心的沟通信息。父母通过广告了解到强生婴儿产品的温和特性,并在亲自为宝宝沐浴的过程中得到验证。在信息沟通和使用体验的闭环作用下,强生公司为旗下的婴儿系列产品在消费者的心智中建立了清晰和稳固的价值认知——温和不刺激。这一价值认知让强生公司的产品在婴幼儿皮肤洗护品类中长期占据领先位置。

试想,如果强生公司只是研发了温和不刺激的"无泪配方"产品,而不做任何宣传;或者是大张旗鼓地宣传自己的产品温和不刺激,却没有实际的技术对产品性能进行支撑。那么无论采用哪一种策略,都无法在消费者的心智中建构起完整的价值认知闭环,销售自然也无从谈起。

📖 本章小结：

- 价值需要被认知，才能对消费者的消费行为产生影响。
- 消费者对商品的价值认知来自于"使用商品的体验"和"与商品相关的信息"。
- 企业向消费者传递信息的触点包括：商品名称、商品包装、商品感官、商品广告、商品销售终端。
- 体验和信息会形成认知闭环。企业需要最大化每个环节之间的协同效应，对消费者的价值认知施加统一的、持续的影响。

📖 思考题：

- 如果你是一家生鲜超市的CEO，你希望为消费者创造什么价值？你会如何在消费者的心智中构建这种价值认知？
- 什么样的餐厅适合使用试吃和新客打折的方法进行宣传？
- 蟹棒是利用鱼肉糜加工而成的海洋仿生食品。如果取名为鱼棒，会对消费者的价值认知产生什么影响？
- 为什么高级香水总是罐装在有设计感的瓶体中，而不是功能性相同的普通瓶体中？
- 如果一家高级西装店的店员穿着休闲T恤上班，会给

消费者的认知带来怎样的影响？
- 为电饭煲分别设计按钮式按键和触屏式按键，会让消费者对于电饭煲的价值认知产生怎样不同的影响？
- 瓜子二手车和人人车都宣称"没有中间商赚差价"，如果你是其中一家公司的CMO，你会使用什么方法去强化这个价值认知？

用价值思维重新定义营销

营销的终极目的在于通过一系列的经营活动对消费者的消费意愿产生影响。在影响消费者消费意愿的各种因素中,只有价值认知对消费者消费意愿形成的影响具有持久性和沉淀性。站在价值认知的角度,我们将对营销的内涵进行一次重新审视和梳理。

人的力量:销售驱动型模式

企业运营中最基本的两大环节是生产和销售。专业化分工是企业提升运营效率的必然选择。因此,设立专职的销售部门,成为企业内部职能首次细分的必然结果。

为了拉动业绩,企业开始组建强大的销售队伍,专门负责将产品推荐并销售给消费者。**我们将这种以销售人员为核心驱动营收的模式称为销售驱动型模式**(sales-driven model)。许多B2B型企业,如机械制造商、医疗器械公司、处方药公司等,

第4章　用价值思维重新定义营销

经常使用这种模式。

销售驱动型模式的企业将核心竞争力建立在销售人员身上，依赖的是人的力量。

销售人员首要要对商品进行深刻理解，其次寻找与商品匹配程度最高的潜在消费者，最后运用良好的沟通技巧高效准确地完成产品介绍。在沟通过程中，销售人员需要努力和消费者建立信任，甚至根据消费者的反馈主动调整对产品的介绍逻辑，以达到最终让消费者购买产品的目的。以上这些工作的完成质量很大程度上取决于销售人员自身水平的高低，其中包括文化程度、人格魅力、沟通技巧、临场反应、实战经验甚至外形气质等各种素质。

好莱坞电影《当幸福来敲门》为我们生动描绘了销售人员工作时的状态。威尔·史密斯饰演的主人公每天奔走于大街小巷，挨家挨户地向诊室医生推销公司生产的医疗器械。销售的业绩建立在主人公个人的销售能力和努力程度的基础上。

在销售驱动型模式下，企业的营收要依赖于"人"。这里的"人"并不是指消费者，而是指销售人员。企业销售部门的战斗力取决于所有销售人员的能力和投入程度的总和。

在筛选销售人员时，我们常常会看到企业提出诸如"如何把梳子卖给和尚"之类的问题。企业希望招聘到即使在极端情况下也可以将产品成功售出的销售人员。

我们在第 3 章中阐述过，消费者的消费意愿建立在对目标商品的价值认知上。对于采用销售驱动型模式的企业来说，消费者对商品的价值认知很大程度上依赖销售人员的介绍。

销售人员的销售水平越高，越能够通过沟通让消费者对商品构建起较高的价值认知，最终完成销售。

然而，依赖销售人员出众的个人魅力和沟通技巧实现销售目标存在一个很大的弊端，那就是以销售人员为核心实现销售目标的模式难以复制，当企业发展到一定规模时，会制约企业的成长。

首先，优秀销售人员取得的成绩往往和个人素质密切相关，例如洞察力、反应力、沟通技巧、性格魅力等。无论这些素质是天生的，还是后天培养出来的，能够拥有这些优秀素质并熟练加以运用的销售人员往往凤毛麟角。

在发展初期，企业的经营规模尚小，招募到少数几名优秀的销售人员，就足以支撑企业运营所需的销售目标。

当企业覆盖的市场区域变得广阔，面向的消费者越来越多时，企业对销售人员数量和质量的要求会不断增加。如果招募和培训优秀销售人员的速度跟不上企业经营发展的速度，对销售人员的依赖就会成为制约企业发展的瓶颈。

其次，即使销售人员的能力可以通过培训得以复制，销售人员作为一个"生物人"，在工作时间和强度上也会受到天然

的限制。

每个人的工作时间和精力有限,这意味着销售人员每天能够服务的客户数量,以及能够为企业创造的营收业绩存在天然的天花板。在销售驱动型模式下,如果一家企业要实现每年20%~30%的营收增长,那么就意味着企业销售团队的销售能力(人员数量×单人能力)也需要以20%~30%的速度增长,才能够支撑业务发展。然而,在单人能力达到天花板之后,销售团队的规模不可能无休止地与企业营收同步增长。当企业的规模发展到一定阶段时,以销售人员为核心力量促进营收的模式就变得难以复制,也不再高效。

基于以上两个原因,企业(尤其是B2C型企业)为了实现持续增长,必须找到新的、不以"人"为核心的模式去驱动企业营收的增长。

媒介的力量:广告驱动型模式

为了寻求可复制性更强、效率更高的销售模式,企业经营者开始思考如何能够摆脱(或者部分摆脱)销售人员在企业和客户间的连接作用,以便于企业更加直接地向消费者介绍并销售产品。

公众媒介的出现让企业的这种想法得以实现。报纸、广

播、电视、互联网的兴起和发展，一次又一次颠覆了信息传播的方式。面对面交流不再是人们获取信息的主要方式，而是被各种传播效率更高的媒体平台所取代。

经营者欣喜地发现，企业可以在媒体上借助"广告"这种手段，把商品信息以一种统一的、成本极低的方式高效传递给数以百万计的消费者。在委派销售人员拜访消费者之前，经营者可以通过广告预先向消费者宣传商品信息。在消费者的心智中构建起完整（或者部分）的价值认知。广告的预先宣传，既为前线销售人员减轻了工作负担，又令企业对销售人员的依赖程度降低，可谓一举两得。

公众媒介随着科技的发展而不断繁荣，为企业和广大消费者群体之间架起直接沟通的桥梁。企业很快就习惯使用"广告"这个新工具，通过各种媒介渠道直接向消费者传递信息，构建价值认知。

过去，企业要想在消费者的心智中有效构建价值认知，完全依靠无数个销售人员工作成果的叠加。销售人员是否登门拜访消费者，是否和消费者建立了信任关系，是否和消费者进行了顺利的沟通，是否向消费者传递了准确的信息……这些环节都会影响价值认知构建的最终结果。

现在，销售人员不再是连接企业与消费者的唯一纽带。广告的兴起大大削弱了销售人员在企业构建价值认知过程中起到

第 4 章
用价值思维重新定义营销

的作用。企业完全能够通过公众媒介高效地向广大的消费者传递信息。广告成了企业能否有效构建商品价值认知和促进营收增长的新关键。

过去,在专业化分工规律的作用下,销售部门作为企业运营最基本的两大职能之一独立出现。现在,专业化分工的规律再一次对企业的职能划分产生影响——专门负责制作和投放广告的职能部门应运而生,并日益变得重要。

企业构建价值认知的方式发生了第一次革命,慢慢由人力密集型的销售驱动型模式转变为媒介密集型的广告驱动型模式(advertisement-driven model)。

> 许多消费者对广告感到反感。一种观点认为,广告的制作和投放无形中增加了商品的成本(据统计,美国人均广告年消费额达到 200 美元)。还有一种观点认为,广告的出现令节目支离破碎,让观众在欣赏节目时受到干扰。但事实恰恰相反,广告的存在意义重大。广告蕴含了企业期望向消费者传递的信息。如果颁布一道禁令,不允许任何公众媒介播放和刊登广告,那么,为了传递广告中的信息,企业只能回到依赖销售人员与消费者进行沟通的老路上,不得不组建庞大的销售人员队伍。实际上,广告的出现并没有使企业运营的成本增加,反而使其减少。另外,与销售人员的拜访相比,广告对消费者生活的干扰反而更少。传达同样多的信息,广告占用消费者的时间更少,

> 且不需要消费者回应。从这两方面来看,广告的出现不仅帮助企业提高了构建价值认知的效率,也为消费者的生活带来了更多的便利。

企业应该如何利用公众媒介去和消费者进行沟通?企业应该如何通过广告构建价值认知?那些最先摸索出如何运用公众传播工具诀窍的企业很快就在市场竞争中脱颖而出。

世界上发行量最大的出版物是什么?答案既不是《圣经》《古兰经》这样的宗教经典,也不是《华尔街日报》《时代周刊》这样的大众读物,而是宜家的产品目录手册。

根据 BBC 纪录片的统计,宜家的产品目录手册每年在世界各地以 35 种语言印制超过 2 亿份,覆盖的人群超过世界上任何一份畅销报纸和杂志。宜家的产品目录诞生于 1951 年,那正是邮递业务普及的年代。与组织大批销售人员登门拜访相比,向广大家庭免费邮寄产品目录手册显然能够让企业以更加低廉的成本,直接向消费者传递更加准确、丰富和统一的信息。

有媒介的地方就有广告。

如今,广告在人们的生活中随处可见。打开电视,我们总会在欣赏节目的过程中看到插播的广告;走在大街上,楼宇墙壁和公交站这些公共空间中必然会竖起醒目的广告牌;看手机

第 4 章
用价值思维重新定义营销

时,自媒体的文章底部往往会弹出介绍商品的图文广告,又或者文章本身就是由企业赞助的营销软文。

在面向大众构建价值认知方面,企业通过广告与亿万名消费者进行沟通,这种做法显然比依靠庞大的销售军团去登门拜访消费者更具效率。但是,这并不代表广告驱动型模式没有缺陷。

销售人员这个角色从诞生的第一天开始,就与销售终端密不可分。销售人员天生是销售终端重要的组成部分,甚至其自身就是一个移动的销售终端(例如,保险销售人员、房产经纪人等)。销售人员可以在价值认知构建完毕后立即与消费者完成交易手续。与销售人员相比,广告距离消费终端过于遥远。

广告可以通过构建价值认知提升消费者的消费意愿,但是消费者的消费行为最终还要落在消费终端才能实现。一支好的广告可以让消费者立即产生强烈的消费意愿,但是这种迅速建立起来的消费意愿并不会持续太久,很可能在消费者光顾消费终端之前就消失殆尽。广告与销售终端之间的天然距离让广告的"推销员"身份产生了异化。广告开始变成了那种"讨人喜爱但是不会让消费者下单的推销员"。负责制作和投放广告的部门不再关心广告的营收效果,而是把取悦观众放在首位。

如何能够让广告回归"建立价值认知,进而驱动营收"的本质,成为企业在采用广告驱动型模式时需要解决的问题。

整合的力量：整合传播驱动型模式

公众媒介的蓬勃发展使得广告在构建价值认知方面拥有无与伦比的效率优势。然而，广告不具备销售终端的功能。过于强调广告在促进销售中扮演的角色，很容易让广告部门与销售终端之间的工作缺乏承接。

为了提升从构建价值认知到实现消费行为的转化效率，企业构建价值认知的方式发生了第二次革命，整合传播驱动型模式（integrated-communication-driven model）慢慢取代了广告驱动型模式，成为企业驱动营收的主流模式。

与广告驱动型模式相比，整合传播驱动型模式（以下简称整合传播模式）大大提升了企业调配资源的有机性和同频性。企业可以在一个统一的战略思想指导下，同时调配公众媒介和销售终端两块资源，有计划、有组织、有节奏地构建价值认知，促进商品销售。

首先，整合传播模式需要在各种公众媒介资源之间进行整合，将传播手段从单媒体单广告的定点作战升级为多媒体多广告的全线出击。

以往，消费者每天在相对固定的时间从仅有的几个媒体中

接触到一元化的信息。20世纪，电视是中国消费者获取信息的主要公众媒介，其中又以中央电视台的频道为最。在中央电视台的黄金时段播放广告，成为企业打开全国市场的必经之路。随着时代的发展，千家万户每晚准时守候在电视机前收看《新闻联播》《正大综艺》和《渴望》的时代已经一去不复返。

进入21世纪，消费者早已习惯在零散的时间从各种碎片化的媒体中接触到多元化的信息。截至2017年，中国的电视频道超过2500个，期刊和报纸将近12000种，广播电台约为300家，全国知名的门户和视频网站超过50个，微信、微博、抖音、小红书这些社交平台的出现更是让亿万名注册用户变成制造内容的自媒体。既然消费者接收信息的模式变得更加碎片化和多元化，那么企业在运用媒介的时候也应该摒弃以往电视广告为王的思路，需要对各种媒介进行综合运用。

其次，整合传播需要在公众媒介和销售终端之间进行整合，使信息渠道和商品渠道一脉相承，畅通无碍，互作支撑。

以往，企业进行宣传和实现销售的场所相对分离。广告集中投放在电视、广播和报纸上，这些媒介无法真正销售商品。销售集中在商店，而商店能覆盖的人群又极为有限，信息传播能力不足。

如今，移动互联网技术的兴起使公众媒介和销售终端之间的界限变得十分模糊。在电视上看到广告后，消费者可以立即拿起手机对心仪的商品进行搜索，查看商品详情和用户评价，

甚至可以与客服人员在线沟通。微博、抖音、小红书这些社交媒体都为受欢迎的商品提供了一键点击进入下单页面的链接。

销售终端具有的影响力早已打破了物理局限,光顾实体门店的客人把终端体验分享在朋友圈成为时下最常见的事情。

2017年12月,星巴克全球最大的烘焙工坊在上海兴业太古汇开业。走进这家面积达2700平方米的旗舰店后,人们已经无法分清自己究竟是置身于一家销售咖啡的商店,还是展示咖啡文化的艺术馆。无数的打卡照片和视频在社交媒体上流传。销售终端甚至不再是承接媒介宣传之后的销售场所,而是变成了媒介宣传的一部分。

企业采取不同的模式驱动销售,就需要对组织机构进行相应的调整。

销售驱动型模式和广告驱动型模式分别催生了销售部和广告部,在公司内部以独立于研发、生产、财务、人力资源等部门的形式存在。这种结构体现了企业组织设计的专业化分工原则。

然而,整合传播模式对企业结构的影响不是细分而是联合,广告部的工作内涵变得越来越丰富,与销售部之间的关系也更加紧密。

广告部工作的重点不再局限于制作令人耳目一新的广告,而是拓宽到统筹规划不同媒介渠道的传播协作,以及确保广告和销售终端之间的顺利承接。这些工作具体包括:仔细甄别和

第4章
用价值思维重新定义营销

研究目标受众,确认传播的核心信息和创意概念,根据受众筛选媒介渠道,制作符合媒介特点的广告,确保广告和销售终端彼此完美衔接甚至相互强化,在线上线下合理分配预算等。

在整合传播模式下,相关部门需要肩负起对整场战役(而不是某场局部战争)的责任,于是广告部(advertisement department)逐渐发展为传播部(communication department)。

> 许多企业会把传播部命名为营销部(marketing department),这种叫法实际上混淆了传播和营销的内涵。在下一节中,我们会对营销的定义和营销部门的职能进行具体阐述。

同时,传播部和销售部也不再是完全独立的部门。销售终端里所有与传播相关的工作,比如空间视觉设计、商品陈列布局、与商品相关的图文视频介绍、销售人员话术等,都需要传播部承担主要责任,给出严格的设计规范和指导纲领,以便销售部在执行时有章可循。

在整合传播模式下,传播部成为企业中负责利用各种媒介和终端资源向消费者传播信息的核心部门。

在销售驱动型模式盛行的年代,企业驱动营收的关键在于销售部是否拥有战斗力强大的销售队伍。

在广告驱动型模式盛行的年代,企业驱动营收的关键在于广告部能否利用公众媒介将自己的商品广而告之。

到了整合传播驱动型模式盛行的年代，企业驱动营收的关键在于传播部能否整合媒介和终端资源，发挥最大化的协同效应。

广告部一切工作的结果以广告（advertisement）的形式呈现出来，传播部一切工作的结果则以整合战役（integrated campaign）的形式呈现出来。

整合战役与广告的最大区别在于，前者包含了一系列和传播有关的活动，具备更强的综合性和时空延展性，而后者只是一支广告的制作与投放，是组成整合战役的一部分。

为了支持产品的上市和销售，传播部需要领导由市场调研、广告创意、广告制作、媒体投放、线上和线下门店管理等专业人员组成庞大的团队，花费六个月甚至更长的时间去策划并打完一场整合战役。打完一场整合战役所消耗的人力、时间、财力要比制作一支广告多很多。当然，整合战役比广告在消费者端构建价值认知的力度和效率也更高。

如今，策划、组织并完成一场场战役早已成为可口可乐、麦当劳、宝洁、联合利华等国际知名企业驱动营收最基本的日常工作。

在商业世界中，制作广告的公司有成千上万家，但是真正能够打好战役的只有区区几百家大型企业。筹备并打一场整合战役的周期较长，使得这些企业每年能打的整合战役数量也非

常有限。多个因素叠加在一起,导致真正拥有丰富实操经验、懂得如何指挥整合战役的专家在市场上变得凤毛麟角。

> 在这里,向大家推荐一部影片《脱欧:无理之战》(*Brexit: The Uncivil War*)。这部影片描述了策划并完成一场整合战役从头到尾所包含的完整流程和具体工作。在影片中,我们可以清晰地看到领导者为了达成某个目标,如何对目标受众进行深入研究和分析,寻找合适的媒介,在媒介上展开有针对性的传播,从而构建受众对某件事物的认知,影响受众的行动意愿,并让受众在投票时做出选择。尽管电影中的战役并不是一场商业战役(business campaign),而是一场政治战役(political campaign),但是其中蕴含的战役原理和原则并无二致。

指挥整合战役的从业人员需要像一名将军一样具有战略性思维和运用不同战斗资源的统筹能力,确保不同媒介之间的广告宣传以及广告宣传与销售终端之间产生最大化的协同效应。这些工作并不是擅长创意的广告人能够轻松胜任的。

工作职责和能力要求上的差异,导致许多优秀的广告从业人员从乙方(广告代理公司)跳槽到甲方(企业传播部)后都要经历痛苦的转型期。这一现象也从侧面说明整合传播驱动型模式和广告驱动型模式看似都和传播有关,但两者之间实际上存在着巨大差异。

企业可以通过媒介渠道和销售终端直接向消费者传递信

息，这样做大大提升了企业构建商品价值认知的效率。我们在第 3 章中了解到，消费者的价值认知需要多个环节的共同作用才能得以构建。媒介和终端对构建商品价值认知的影响仅仅局限在消费者传播端。如果一件商品本身蕴含的价值有限，那么无论一场战役多么完美和令人难忘，也无法从根本上解决商品销售的问题。这就好像足球俱乐部可以聘请一位优秀的教练来提高队伍成绩，但是如果教练无法介入青训选拔和内外援招募的工作中，无法为球队配置真正优秀的球员，那么再优秀的教练也无法从根本上提高一支球队的成绩。

当企业经营者意识到整合传播并不能从根本上实现驱动营收的目标，那么开始寻找新的驱动型模式就势在必行。

价值的力量：营销驱动型模式

价值认知链贯穿于商品的设计、生产、宣传和售卖的所有环节。这意味着企业构建价值认知的工作并非始于商品成型之后，而是始于商品成型之前。

在设计和制造商品之前，企业需要思考一系列问题：消费者究竟有何种需求，即将投产的商品能够为消费者创造何种价值，如何设计商品才能让消费者切实体验和认知到商品蕴含的价值，什么样的名称和包装可以让消费者在接触商品的瞬间就

第4章
用价值思维重新定义营销

迅速认知商品价值,该在销售终端和媒介渠道传递何种信息才能够使广泛的潜在消费者对商品价值产生认知并激发消费意愿……

以上每个问题的答案,其内涵逻辑应该是一以贯之、内生连接的。如果彼此割裂,无法贯彻始终,那么就会让构建价值认知的工作产生混乱,事倍功半。

假设有一家企业花费了三年时间在山林中打造出一片有机农场,为消费者提供没有被农药、化肥污染的水果,那么企业在策划传播整合战役时就应该把"有机"作为核心价值认知进行构建,而不应该聚焦于"口感香甜"。如果企业的经营者认为"口感香甜"是能够撬动大众市场的首要价值认知,那么在三年前就应该把投资的重点放在如何种植出更香甜的水果,而不是有机水果上。

价值认知闭环的原理告诉我们,消费者在对商品形成价值认知时,会从其所能接触到商品本身和商品相关信息的每一个环节提炼共通之处并加以总结。

这一规律要求企业在创造价值和构建价值认知时也需要遵循一以贯之的特点,前后承接,而不是把研发、设计、生产、广告、销售看成彼此割裂的工作。

如果一件商品价值认知的构造工作因为企业的职能部门间缺乏沟通而被割裂,不仅会在企业运营时造成内耗,还会让构

建价值认知的工作变得无效。**为了解决构建价值认知的效率和效果问题，许多企业开始进行第三次革命，从整合传播驱动型模式向营销驱动型模式（marketing-driven model）转变。**

当今商界和学术界对市场营销并没有统一的定义。

美国市场营销协会在 1985 年对市场营销的定义为：市场营销是对思想、货物和服务进行构思、定价、促销和分销的计划和实施的过程，从而实现个人和组织目标。

菲利普·科特勒对市场营销的定义为：市场营销是个人和集体通过创造产品和价值，并同别人自由交换产品和价值，来获得其所需所欲之物的一种社会和管理过程。市场营销的最终目标是满足需求和欲望。

格隆罗斯对市场营销的定义为：所谓市场营销，就是在变化的市场环境中，旨在满足消费需要、实现企业目标的商务活动过程，包括市场调研、选择目标市场、产品开发、产品促销等一系列与市场有关的企业业务经营活动。

尽管大家的表述各异，侧重点也有所不同，但是我们不难发现其中的规律。**市场营销的定义总是离不开三个关键词：需求、价值和交换。** 基于前 4 章的铺垫，我们可以从价值认知链的视角来对市场营销和这些关键词的关系进行梳理。

- 首先，消费者需求的强度以及需求被满足的程度决定了商品的价值。

第 4 章
用价值思维重新定义营销

- 其次，商品价值会在消费者的心智中投射为价值认知。
- 再次，消费者对商品的价值认知不由商品客观的实际价值单独决定，而是由价值认知链上的各个环节共同决定。
- 最后，消费者对商品的价值认知最终决定消费者的消费行为（即钱与物的交换）。

在此，我们从价值的角度对市场营销下一个定义：**市场营销是指企业挖掘消费者需求，针对需求提供具有价值的商品，在消费者的心智中建立对商品价值认知的一系列经营行为，最终的目的是通过价值创造和建立价值认知强化消费者的消费意愿。**

营销驱动型模式进一步拓宽了负责构建价值认知部门的职责范围。

在整合传播驱动型模式下，传播部需要负责整合媒介和终端资源。而现在，营销部需要整合包括消费者研究、产品研发、名称确定、包装设计、广告制作、终端体验等一整套工作。

诚然，营销部并不会代替调研、研发、生产、销售这些部门去执行具体的工作。但是营销部必须要参与到和构建价值认知链条相关的各个环节中，以确保从研发到售卖的完整过程中，一件商品蕴含的实际价值和投射在消费者心智中的价值认

知一脉相承。

营销部涉及的工作比传播部更加丰富和复杂。这些工作可以根据在价值认知链所处的位置，被拆分为产品创新端营销（innovation-end marketing）和消费者传播端营销（communication-end marketing）两个部分，又被称作"前端"和"后端"。

产品创新端营销的主要工作集中发生在企业内部，工作内容和产品创新相关。营销部门需要领导市场调研工作，根据消费者洞察提出产品创新的方向。随后，和研发部门合作，将产品概念变为现实。接下来，营销部还要为产品确定名称、包装、售价，并确保生产部门可以按照既定成本大批量制造产品。我们把这一阶段的工作比喻为"生孩子"的过程。

消费者传播端营销的主要工作集中发生在企业外部，工作内容和市场宣传相关。营销部要策划并完成营销战役，整合线上和线下媒介渠道，制作具有创意的广告，合理分配媒体预算，提升终端体验，最终促进销售转化。我们把这一阶段的工作比喻为"养孩子"的过程。

"生孩子"和"养孩子"应该是营销部贯彻始终的责任。如果营销部"只生不养"或者"只养不生"，那么企业培育出"英才"的概率就会大大降低。

尽管产品创新端和消费者传播端的职责都非常重要，但是这并不意味着营销部的工作没有侧重点。

第 4 章
用价值思维重新定义营销

在不同的行业中,消费者使用商品的习惯不同,对商品形成价值认知的模式也不同。这决定了企业在构建消费者价值认知时,价值认知链上每个环节的权重会存在天生差异,进而导致在不同行业中营销部的工作重心各有不同。

价值认知主要来自于商品体验的行业,企业在组织营销工作时通常会遵循产品为王的营销逻辑。 消费者在使用商品时可以明显地对商品价值形成认知。例如,网站、应用软件、耐用品等。

以搜索引擎为例。百度搜索和人民搜索都致力于为消费者提供快捷、准确的搜索服务。消费者在使用过程中可以很直观地通过使用体验和搜索结果对两种引擎产品的价值形成认知,并对两者的优劣进行比较。消费者形成的价值认知来自于产品本身,确切而真实,企业很难通过宣传沟通对消费者心智中形成的价值认知施加根本性的影响。

在产品为王的行业中,营销部需要在产品创新端投入更多精力——和企业内各个部门展开密切合作,确保为消费者提供真正具有价值且体验一流的商品。

价值认知主要来自于商品信息的行业,企业在组织营销工作时通常会遵循传播为王的营销逻辑。 由于商品(例如,零食、饮料、日化品等)的同质化很强,消费者对商品的价值认知主要来自于外界信息,而非使用商品时的实际体验。

以饮料为例，消费者在饮用牛奶时只能通过口感判别牛奶是否醇厚，但无法了解牛奶在蛋白质含量、钙含量、奶源安全性等维度的价值。这时，企业就需要通过各种沟通手段向消费者传递相关信息，在消费者心智中构建起那些难以在使用产品时体验到却又对消费决策至关重要的价值认知。

在传播为王的行业中，营销部需要在消费者传播端投入更多精力——和企业外部的广告公司和媒体平台展开密切合作，制作正确的内容，运用高效的传播手段，迅速在消费者心智中构建起与商品特性一脉相承的价值认知。

需要特别注意，当经营者决定企业从广告驱动型模式和整合传播驱动型模式转变为营销驱动型模式后，营销部门必须被赋予更多的职能权责。营销部的职能需要覆盖从产品创新端到消费者传播端的各项工作，而不仅仅是在商品生产出来之后，承接广告制作和投放的工作。如果营销部不能够对价值认知链上的所有环节施加影响，那么构建价值认知的效率就会大打折扣，营销驱动型模式也会变得空有其名，退回到广告驱动型模式或者整合传播驱动型模式的老路上来。

我们把企业通过构建商品价值认知提升消费意愿的经营模式称为"营销驱动型模式"，把企业通过增加返利提升消费意愿的经营模式称为"促销驱动型模式（promotion-driven model）"。

第 4 章
用价值思维重新定义营销

营销驱动型模式的核心在于商品价值的创造与价值认知的构建。

从发现消费者需求开始,到设计能够满足消费者需求的商品,再到向消费者传递信息和营造感官体验,企业通过一系列工作为消费者创造真实的价值并致力于在消费者的心智中构建价值认知。

营销工作像是一条线,需要企业在工作初期就具备前瞻性和顶层设计能力,在执行过程中持之以恒地、连续地对各个环节进行管理和把控,以确保价值认知构建的准确性和完整性。

构建价值认知并非一蹴而就的。在初期,企业需要具有一定的耐心并对投入回报比保持容忍度。价值认知对于企业的回报体现在中长期。一旦价值认知构建完毕,这种认知会在消费者的心智中保持很长时间。

一旦价值认知构建完成,企业的投入会从初期的较高水平逐渐回落到较低水平,消费者的消费意愿却并不会因此而减弱。植根于消费者心智中的价值认知,就像是一种源源不断产生利息的优质资产,为企业带来持久的回报。

返利的力量:促销驱动型模式

在上一节中,我们从价值认知的角度对市场营销进行了重

新定义。在这个定义的最后,我们特意提到营销的最终目的是强化消费者的消费意愿。现实中,除去商品价值认知这个因素,返利也会对消费者的消费意愿产生影响。

当消费者对商品的价值认知不变时,企业增加返利,消费者的消费意愿上升;企业减少返利,消费者的消费意愿下降。换句话说,提升消费者消费意愿的途径有两个:一个是提升商品的价值认知,一个是加大返利力度。

促销驱动型模式的核心聚焦于返利而非价值。

促销驱动型模式的形式多种多样。有些形式是通过显性影响价格的方式改变消费者消费意愿,例如降价、打折、满减、第二件半价、返还现金红包等。有些形式是通过隐性影响价格的方式改变消费者消费意愿,例如赠送礼物、买大送小、积分累计和兑换、开盖有奖等。

如果把营销工作比喻成一个链条,那么促销工作就像是一个点。企业需要集中使用有限的财务资源,让消费者在某一场景下强烈地感受到返利的幅度,从而改变消费意愿。

返利的效果总是立竿见影。只要企业拥有足够的财务弹药和牺牲利润的决心,就可以通过返利的方式迅速驱动营收。当企业运营面临短期压力,例如需要及时清理库存或者需要遏制竞争对手快速发展时,营销驱动型模式往往会因为漫长的投入期而使企业错失良机,返利驱动型模式具有的短平快优势就显

第 4 章
用价值思维重新定义营销

露出来。只不过返利对消费者的影响力不具有持久性，一旦企业停止返利，消费者的消费意愿会随着返利的消失而回落到原有水平。

我们无意比较营销驱动型和促销驱动型两种模式孰优孰劣。实际上，营销驱动型和促销驱动型这两种模式具备的特点互为优劣，彼此互补。前者短期操作复杂，见效慢，投入回报比难以计算，但是价值认知构建成功后具备持续性，可以为企业带来长期回报。后者短期操作简单，见效快，投入回报比可追踪，但是对消费者消费意愿的影响不具有长期的持续性。

聪明的经营者会根据企业面临的具体问题，权衡长期目标和短期目标，对两种模式有选择性地加以运用。令人遗憾的是，在现实中，只有少数的企业经营者能够清晰地分辨营销驱动型模式和促销驱动型模式，更遑论审时度势地运用了。营销和促销的终极目的都是为了促进销售，这个共同点让许多企业经营者将两者混为一谈。

当提供同质化服务的两款打车软件在市场中角逐时，其中一款软件通过规模更大的司机补贴和乘客返现的方式最终抢下市场份额。我们需要辨别这场胜利究竟是来自于企业高超的营销能力，还是高超的促销能力。

如果经营者误把竞争的胜利归因于企业的营销能力，那么就无法真正看清企业在营销能力上的短板，也不会在产品创新

以及构建价值认知方面给予更多的投入。经营者只有认清竞争的胜利是来源于强大的财务支撑和促销驱动，才会在打败竞争对手、自己获得喘息之机时，努力抓紧时间补足企业在营销能力上的短板，为迎接下一个挑战者做好准备。

当一家咖啡企业刚刚成立时，其营销部一方面邀请明星拍摄广告，一方面广泛推广超低折扣、买赠、返现、转发好友得红包等返利活动。经营者需要认清企业取得的成果中，有多少得益于消费者对咖啡的价值认知，有多少得益于返利的诱惑。

如果旁观者不能对营销和促销两种手段进行清晰的区分，那么就无法找到该企业市场强势表现背后的真正原因。旁观者很可能误把该企业的营销活动视为成功案例并加以学习，却忽视了大规模返利扮演的角色，以及隐藏在大规模返利背后的巨额财务支撑。当我们习惯于将营销和促销混为一谈时，就很容易在学习成功案例时，犯下东施效颦的错误。

提升对营销和促销的辨别能力并不是一件难事。我们只需要多加练习，经常对价值和返利这两个概念进行区分，就可以具备这种能力。

每当看到企业组织的推广活动时，我们要习惯性地提问：消费者消费意愿的产生究竟是来自于对商品价值认知的变化，还是来自于企业的返利？

第4章
用价值思维重新定义营销

"电视购物"是一个帮助我们学习区分营销驱动型模式和促销驱动型模式很好的练习对象。

如果企业在10分钟的时间里,着重介绍商品的材料、功能、工艺细节、使用场景、使用方法,甚至还会根据受众人群的不同有针对性地介绍商品,那么我们就可以认为这家企业是在利用营销思维来制作电视购物的内容。电视购物的信息都围绕着价值认知展开,有助于强化消费者对商品的价值认知。当消费者关闭电视后,这些与价值相关的信息仍然会对消费者的消费意愿产生影响。

如果企业在10分钟的时间里,注重介绍商品价格如何低廉,优惠力度如何史无前例,那么我们就可以认为这家企业是在利用促销思维来制作电视购物的内容。电视购物中真正影响消费者消费意愿的因素,是唯此节目才能提供的低廉价格和一系列赠品,而非消费者对商品的价值认知。当超低价格和丰富赠品随着节目的结束而消失,消费者的消费意愿也会随之不见。促销仅仅帮助企业在电视购物这一档节目中完成了销售目标,却难以对商品在整体市场的销售起到促进作用。

现实生活中的每一支广告,都为我们提供了这种自问自答的实践练习机会。久而久之,我们就能轻松地判断一家企业亮眼的营收业绩究竟是源自其出色的营销能力(创造价值和建立价值认知的能力),还是促销能力(返利的能力)。

营销概念中的"价值营销"

本章向读者介绍了企业为销售商品所采取的若干种模式。这些模式的最终目的都是强化消费者的消费意愿,只不过具体方法不尽相同。第一类方法是提升消费者对商品的价值认知,第二类是向消费者提供返利。

在第一类方法中,根据企业在构建价值认知工作中可调动资源的多寡,我们又能够将其细分为四种模式:

(1) **销售驱动型模式**:此模式下,企业构建价值认知工作中最核心的可调动资源集中在销售人员身上。企业会对销售人员进行培训,比如强化销售人员对商品信息的理解,与消费者的沟通能力等。该模式的缺陷在于,企业无法跨越销售人员直接影响消费者的消费意愿。

(2) **广告驱动型模式**:此模式下,企业构建价值认知工作中最核心的可调动资源集中在媒介。企业需要制作有创意的广告和确定合适的媒体投放量以构建价值认知。该模式的缺陷在于,企业对媒介和销售终端的运用缺乏统筹性,造成从传递信息到销售转化的效率低下。

(3) **整合传播驱动型模式**:此模式下,企业构建价值认知工作中最核心的可调动资源集中在媒介和消费终端。企业需

第4章
用价值思维重新定义营销

要综合运用多种媒介资源以及消费终端的资源,在消费者传播端的各个触点构建价值认知。该模式的缺陷在于,企业构建价值认知的工作被局限于媒介和消费终端,而无法介入商品开发、设计等其他经营环节,造成构建价值认知的工作无法从价值创造的源头开启。

(4) **营销驱动型模式**:此模式下,企业构建价值认知工作中最核心的可调动资源贯穿商品设计、媒介渠道、销售终端等价值认知链的所有环节。与其他模式相比,企业不必等待商品生产之后再开始规划该如何构建价值认知。营销驱动型模式让企业构建价值认知的工作从被动变为主动,从洞察消费者需求开始,构建价值认知的工作就已经展开。**因此,营销驱动型模式是唯一一个真正意义上以消费者需求为中心调动企业资源和开展经营活动的模式。**

在第二类方法中,企业投入的资源与构建价值认知工作无关,而只与返利相关。根据返利的程度,促销驱动型模式包含的具体形式可以分为**显性促销**和**隐性促销**两类。

行文至此,我们已将企业促进销售的几种不同模式全部罗列出来,清晰阐述了每一种模式的内涵以及它们之间的关系。会有细心的读者发现,本书对营销的定义和其他商业理论对营销的定义不同。

在很多商业理论中,营销被定义为一切能够影响消费者消

费意愿的经营活动。营销和促销呈现出包含的关系。营销是全集，促销是子集。

而在本书中，营销被定义为通过价值创造和构建价值认知影响消费者消费意愿的经营活动。营销和促销呈现出并列的关系。营销是子集一，促销是子集二。

作为一门社会学科，营销学中专有名词的定义并不像自然科学中的定义那么严格。把营销和促销定义为包含关系还是并列关系取决于理论提出者本身的逻辑架构，并没有非黑即白的绝对正确和绝对错误。本书之所以强调营销和促销处于并列关系，是为了帮助企业经营者在追求销售目标的过程中，能够准确地区分"构建商品价值认知"和"提供返利"这两种性质截然不同的方法。

那么问题来了，如果子集一（与价值认知相关的经营活动）叫作"营销"，子集二（与返利相关的经营活动）叫作"促销"，那么两者之和的全集（以影响消费意愿的所有经营活动）又应该叫作什么呢？

为了和主流的商业理论保持一定的承接性，也为了便于实际的使用，我们现在需要在保持理论描述不变的情况下进行重新命名。

- 将全集，即以影响消费者消费意愿为目的的所有经营活动，命名为"营销"。

第4章
用价值思维重新定义营销

- 将子集一，即以影响消费者消费意愿为目的的所有和构建价值认知相关的经营活动，命名为"价值营销"。
- 将子集二，即以影响消费者消费意愿为目的的，所有和价格相关的经营活动，命名为"返利营销"。
- "价值营销"包含"产品创新端营销"（简称创新）和"消费者传播端营销"（简称传播）。
- "消费者传播端营销"包含"广告营销"（advertisement marketing）、"线下终端营销"（retail/trade marketing）和"线上终端营销"（e-commerce marketing）。

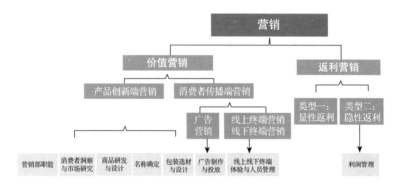

营销的目的是销售商品，但是商品销售出去并不意味着经营者使用了正确的营销方法。

在销售一款护肤品的过程中，经营者可以使用三种截然不同的方法和消费者进行沟通，并成功地完成销售：

沟通方法一：××女士，我用生命发誓，这款产品的效果绝对一流。

沟通方法二：××女士，这款产品含有石榴籽抗氧化精华，所以对延缓皮肤衰老有特别的功效。

沟通方法三：××女士，这款产品现在正值折扣活动期间，如果现在购买我还可以赠送给你两款小样。

如果我们只从结果出发，以上三种沟通方式都是成功的营销。但实际上，只有沟通方法二才是从长期来看对企业更有意义的方式。在沟通方法一中，消费者购买的不是产品，而是对销售人员的信任。在沟通方法三中，打动消费者的不是产品价值，而是折扣和赠品。只有在沟通方法二中，消费者是被产品蕴含的价值打动。

真正有意义的营销是那些在营销活动停止后，仍然可以对消费者消费行为产生影响的经营活动。只有价值营销才具有这样的持续性力量。

日常经营中，我们鼓励经营者习惯性地使用价值营销这个概念，而不是营销。因为营销包含了组建强大的销售团队、大量投放广告、加大返利力度等诸多手段。**笼统地使用营销概念，会诱使经营者过多地使用最易实现短期目标的手段，而无法带给消费者长期和持续消费商品的理由。**如果消费者对一件

商品没有长期和持续消费的意愿,那么企业在渠道、宣传、返利方面的投入都会变得得不偿失,即使在短期取得回报也不过是昙花一现,甚至还会由于陶醉于短期回报,陷入饮鸩止渴的恶性循环。价值是企业使命的指南针。只有做好价值营销,经营者才有可能让营销活动避免步入本末倒置的歧途,使企业基业长青成为可能。

本章小结:

- 企业为了推动销售,会采取不同的经营模式,主要有:销售驱动型模式、广告驱动型模式、整合传播驱动型模式、营销驱动型模式和促销驱动型模式。
- 营销可以分为"价值营销"和"返利营销"两种类型。前者通过提升价值认知来强化消费者的消费倾向;后者通过影响价格,来强化消费者的消费意愿。
- 价值营销包含两个阶段的工作:①产品创新端营销;②消费者传播端营销。
- 价值营销引导企业持续地为消费者创造价值。消费者对商品的价值认知可以持续性地对消费者的消费意愿产生影响。因此,现代企业在推动销售时,应把价值营销作为重点采用的手段。

思考题：

- 你的企业目前正在采取什么样的模式驱动销售？
- 如果你是一家企业的 CEO，你希望企业的销售是来自于消费者对金牌销售员的认可，还是对商品价值的认可？
- 肯德基推出老北京鸡肉卷，这场营销活动的成功来自于产品创新端，还是消费者传播端？
- 在产品创新端，开发出好的产品和开发出有价值的产品之间有什么区别？
- 在消费者传播端，一则好的广告和一场好的整合战役之间有什么区别？
- "买一送一"带来的销售增长是否可以被看作是营销活动的胜利？

用价值思维重新诠释品牌

在现代商业竞争中,品牌扮演着越来越重要的角色。

很多情况下,与其说消费者是被商品所吸引,还不如说他们是被品牌所吸引。有很多消费者甚至愿意为钟爱的品牌,而不是商品,支付巨额资金。

凝结在商标上的价值认知

品牌以商标的形式呈现在消费者眼前。然而,品牌又不等同于商标。品牌和商标两个概念既有重合又有区别。探寻品牌的本质之前,我们需要弄清楚商标的含义。

商标(trademark)是指识别某种商品、服务或与其相关的具体个人或企业的显著标志。商标可以以文字、图形甚至是声音等形式呈现。例如肯德基的字母组合"KFC",星巴克公司的绿色双尾美人鱼图形,摩托罗拉公司的"Hello,Moto"铃声等。

第 5 章
用价值思维重新诠释品牌

在现代商业社会中，只要通过正规的注册流程，企业就可以在法律保护下拥有属于自己的商标。然而，拥有专属的商业标识，并不是企业经营者追求的目标。经营者并不会在制定企业战略时说"我希望企业拥有独一无二的商标"，而总是会强调"我希望企业拥有独一无二的品牌"。显然，拥有商标和拥有品牌对企业来说具有不同的意义。那么，品牌的意义是什么呢？

一方面，品牌的基础意义和商标的意义重合。品牌（brand）一词来源于古挪威文字"brandr"，它的中文意思是"烙印"。很久以前，西方游牧部落在马背上打上不同的烙印，用以区分自己和他人的财产。一般意义上，品牌被定义为一个名称、符号、设计（或者是它们的组合），旨在帮助消费者快速识别某个企业生产的商品，使之同竞争对手区别开来。

另一方面，品牌还具有商标不具备的另一层意义。那就是品牌能够对消费者产生强大的吸引力，影响消费者的消费意愿，而商标并不具备这种意义。如果消费者在看到一个商标后，其消费意愿没有受到影响，那么我们就认为这个商标只是停留在商标的阶段。如果消费者在看到一个商标后，其消费意愿被影响，那么我们就可以认为这个商标已经进化为一个品牌。

商标与品牌的本质区别在于前者无法对消费者的消费意愿产生影响，而后者能够脱离于商品这个载体，对消费者的消费意愿产生影响。

那么，品牌又是依靠什么对消费者的消费意愿产生影响呢？

在本书的前几章，我们一直强调消费者的消费意愿始终被价值认知左右。高价值认知增强消费意愿，低价值认知削弱消费意愿。消费者的消费行为之所以会被品牌影响，实际上也是遵循了"价值认知影响消费意愿"这条规律。如果一个品牌能够对消费者的消费意愿产生影响，那么就意味着在这个品牌背后，实际蕴含了某种高价值认知。

是否蕴含价值认知，是区分品牌与商标的关键。

清朝同治年间，在街头做鸡鸭买卖的生意人杨全仁盘下了一家名叫"德聚全"的干果铺子，并将其改名为"全聚德"。经营初期，"全聚德"这三个字在食肆林立的京城中并没有什么特别的吸引力。极少有人是因为"全聚德"这个招牌而光顾这家饭店。这时候的"全聚德"只能算作一个商标，而不能称为品牌。

在日后的经营过程中，杨全仁对食材精挑细选，聘请宫廷御厨，反复改进烤鸭技艺，为食客烹制美味的烤鸭。这种持续的价值输出逐渐在京城食客中形成共识。随着美味的价值认知不断沉淀，"全聚德"三个字从一个普普通通的饭店名称，蜕变为享誉京城的金字招牌，成为想品尝"正宗可口烤鸭"食

第5章
用价值思维重新诠释品牌

客们的不二之选。时至今日，仍然吸引着世界各地的美食爱好者。

全聚德的案例告诉我们，品牌在早期只是以商标的形式存在。那时候的品牌只是一个普通商标，并不会对消费者的意愿产生任何影响。品牌之所以能够从一个普通的商标进化为可以影响消费意愿的商标，是因为品牌本身凝结了特别的价值认知。

我们可以把商标和品牌的关系用公式表示如下

品牌 = 商业标识（商标）+ 特定的价值认知

品牌竞争力的强弱体现在其对消费者消费意愿的影响力上。而消费者的消费意愿总是受价值认知的影响。因此，品牌竞争力的强弱取决于凝结在商标身上特定的价值认知。

哈佛商学院营销学教授西奥多·莱维特曾说过一句名言："客户要的不是五毫米的电钻，而是直径五毫米的钻孔。"这句话告诉我们，消费者进行交易的目的不在于获取某件商品，而是获取某种价值。

这个道理对于品牌来说同样适用。客户选择的并不是品牌本身，而是蕴含在品牌之中的价值。与其说消费者钟爱的是某一个品牌，不如说消费者钟爱的是该品牌在消费者心智中所代表的某种价值认知。

如果凝结在商标上的价值认知是清晰的,是高于竞争对手的,那么这个商标就会慢慢进化成具有吸引力的品牌;如果凝结在商标上的价值认知是模糊的,低于竞争对手的,那么这个品牌就缺乏吸引力,甚至会退化成一个普通的商标。

在新中国成立之初,物资匮乏,零售行业也不发达。位于北京的王府井百货商店于1955年开业。凭借丰富的商品品类,良好的质量信誉保障,热情周到的服务,北京王府井百货商店充分满足了消费者购物的需求。于是很快在北京乃至在全国范围内成为消费者心目中首屈一指的零售品牌,被誉为"新中国第一店"。品牌蕴含的价值认知充满吸引力,许多消费者宁愿舍近求远,多走上几公里路,也会选择去王府井百货商店购物。

时过境迁,随着零售业态的不断发展和变化,王府井百货商店原有的优势被新出现的大型购物中心、大卖场、社区超市、24小时便利店、网络商城不断侵蚀。王府井百货商店这个曾经响当当的零售品牌所蕴含的价值认知变得越发薄弱。除了一些初到北京的游客会把王府井百货商店当作城市景点以外,那些基于零售价值认知驱动,特意选择到此购物的消费者越来越少。由于失去价值认知作为内在支撑,王府井百货商店逐渐从一个响当当的零售品牌退化成一个普通的商标。

和王府井百货商店一样经历起起落落的品牌还有很多,像新华书店、双星鞋、凤凰牌自行车、雪花牌电冰箱……这些品

牌曾经凭借优质的服务和过硬的产品,在消费者的心智中建立了极强的价值认知,成为全国消费者钟爱的品牌。但是,随着消费者需求的变化和竞争者的出现,这些企业为消费者创造的价值不再具有竞争力,品牌本身蕴含的价值认知逐渐减弱,号召力和吸引力都难复往日风采。

为了让品牌重新焕发生命力,经营者需要为品牌注入价值认知。当消费者对品牌蕴含的价值认知重新变得饱满和清晰,品牌就可以再次焕发生机。

品牌对消费者的意义一:背书

在当今的社会中,没有人可以摆脱"消费者"的身份。身上的衣服、冰箱中的食物、包裹签收记录、信用卡账单……都是每个人作为消费者留下的证据。顾名思义,消费者就是指消费的人,即买卖双方中支付金钱获取商品的一方。

然而,消费者这个称谓不足以完整地概括人们在消费行为中付出的努力。

消费行为并不仅仅包含消费者交钱买货那一刹那发生的行为。在支付金钱之前,消费者往往需要花费大量精力在众多同类商品中进行选择。

从某种意义上讲,消费行为并不是一个人面对一件商品做

出"买"与"不买"的判断题,而是一个人面对一群商品分别得出"买"与"不买"结论之后,优中选优的选择题。

消费者每天都要面临多个"选择挑战"。

叫外卖不难,难的是如何在上百家餐厅的菜单中做出选择。

看电影不难,难的是究竟要挑选哪一部电影陪自己度过两个小时的时间。

订酒店不难,难的是到底入住哪一家酒店才不会让自己失望,甚至能为旅途带来惊喜。

作为消费者,我们面临的最大挑战是如何成为一个优秀的选择者。

消费某类商品时,消费者会根据自身需求维度的权重,挑选在不同维度上最能满自己需求的商品,在交易中获取尽可能高的价值。为了高效地做出明智选择,消费者(确切地说是选择者)需要使用正确的工具对商品进行价值甄别。

请回忆一下最近一次在水果店中购买苹果的情景。我们对苹果的需求维度是好吃,但我们无法品尝每一个苹果。在水果摊前,我们会观察苹果的颜色、比较苹果的大小、闻闻苹果的气味,通过这些并非和味道直接相关的信息去判断哪些苹果有可能好吃。红色的苹果被保留,绿色的苹果被淘汰;大的苹果

被保留，小的苹果被淘汰；香气浓郁的苹果被保留，香气微弱的苹果被淘汰。颜色、大小、气味，虽然不是味道，但会对味道形成一种背书，能帮助我们快速筛选出那些最有可能满足我们味道需求的苹果。

颜色是苹果味道的背书。如果一个苹果是红色的，那么消费者就会因为颜色背书，认为这个苹果是香甜的（尽管并不是所有的红色苹果都是香甜的，但是人们一般认为红色苹果香甜的概率大于绿色苹果）。

旅游机构评定的星级是酒店硬件和软件质量的背书。如果一家酒店获得五星评级，那么消费者就会认为酒店的设施完善、服务上乘（尽管并不是所有的五星级酒店的服务都尽善尽美，但是五星级酒店提供的服务上乘的概率大于四星级和三星级酒店）。

背书的意义并不是确保消费者一击必中地挑选到最有价值的商品，而是可以帮助消费者降低价值甄别过程中耗费的成本，增加选中相对高价值商品的可能性，大大提高消费决策效率。

假设消费者面前摆放了 1000 件外观相似的同类商品，其中有 10 件商品最能够满足消费者的需求。在随机选择的情况下，消费者选中最具价值商品的概率只有 1%。这显然使消费者处于不利境地。

如果有一种工具可以帮助消费者轻松淘汰900件劣品，那么消费者在留下的100件商品中选中优品的概率就可以提高到10%。即使有一两件优质产品被错误地淘汰掉，消费者选中有价值商品的概率仍然可以提高到8%~9%。

如果继续使用第二种工具可以从剩余的100件商品里面再淘汰70件劣品，那么消费者在留下的30件商品里优中选优，购买到有价值商品的概率就可以提高到30%~40%的水平（这就解释了消费者在挑选水果时为什么总要关注颜色、大小、气味等多个要素）。

品牌对于消费者来说，就是一种用于甄别商品价值的背书工具。

品牌之于商品，就像颜色之于苹果，星级之于酒店，可以帮助消费者在面对海量商品时，更加高效地进行价值甄别和筛选，完成消费决策。

双立人意味着经久耐用的锅具。如果消费者购买一套贴有双立人商标的锅具，那么选中耐用锅具的概率要大于购买其他一般吊牌的锅具。

大白兔意味着好吃的奶糖。如果消费者购买贴有大白兔商标的奶糖，那么吃到可口奶糖的概率就大于购买其他一般品牌的糖果。

第 5 章
用价值思维重新诠释品牌

沃尔玛意味着低价超市。如果消费者前往挂有沃尔玛门头标志的超市购买商品，那么购买到低价商品的概率就大于其他的超市。

诚然，消费者有时也会被品牌蕴含的价值认知误导。双立人锅具不见得是世界上最经久耐用的锅具，大白兔不一定是世界上最好吃的奶糖，沃尔玛提供的价格也不见得是所有超市价格中最低的。但总体来讲，品牌的存在让消费者能够便捷地从海量商品中挑选到相对更能满足自身需求的商品，为消费者在甄别价值的过程中节省了大量的决策成本。

没有品牌的世界是不可想象的。

假设我们置身于一个品牌真空的星球，这里禁止出现一切品牌标识。我们在挑选商品的时候，就会像一个盲人在挑选苹果那样遇到诸多不便。尽管盲人依旧可以凭借触觉、嗅觉、味觉选中心仪的苹果。可是，由于失去了颜色这个极其重要的价值背书工具，盲人在挑选时不得不花费更多的时间。

当市场上所有商品的品牌集体消失，消费者（确切地说是需要频繁做出选择的消费者）不得不通过其他方法去判断目标商品蕴含的价值，这将使消费者进行消费时背负许多不必要的决策成本。

简而言之，品牌对于消费者来说最大的意义之一，就是把消费者从海量商品选择的苦海中解脱出来。消费者可以根据品

牌蕴含的价值认知，将候选商品的范围圈从全品类缩小到几个品牌之内，然后再进行商品选择。这样做极大地节省了消费者的决策成本，提高了价值甄别的效率。

相反，那些善于生产优质商品，但是不善于将商品的价值认知凝结于品牌之上的企业，会因为拖累了消费者的决策效率而被消费者排除在候选范围圈之外，久而久之便遭到市场的淘汰。

品牌对消费者的意义二：象征

作为背书工具，品牌可以帮助消费者高效甄选具有价值的商品。而在另一种情形下，品牌并不发挥商品价值背书的功能，而是作为消费者支付金钱的目的而存在。

许多消费者在购买奢侈品皮包时，会特意选择品牌标志明显的款式，而且往往是标志越显著，对消费者的吸引力越大。在这种情况下，消费者支付高额金钱的目的不只是为了购买皮包这件商品，还是为了购买印在皮包上的品牌标志。

> 对那些热衷购买高仿手表的消费者来说，手表做工和用料蕴含的价值，远不如表盘上的 Rolex 商标蕴含的价值更具吸引力。

第 5 章
用价值思维重新诠释品牌

阿迪达斯、三叶草和 NEO 是隶属于阿迪达斯集团的三个品牌。当我们把阿迪达斯、三叶草、NEO 的标志分别印在一款相同的纯白色棉质 T 恤上以后，消费者对这三件 T 恤表现出截然不同的购买意愿。这种购买意愿的差别与 T 恤本身的质地和剪裁无关，而是由每个品牌凝聚的价值认知决定。T 恤此时成为承载品牌价值认知的一个载体，品牌则成为消费者消费行为的目的。

无论是一个面包，还是一件大衣，又或者是一部电影，客观存在的商品都可以为消费者提供实实在在的价值，值得消费者去购买和使用。然而，品牌只是一个标志，不能吃、不能用，消费者为什么会愿意花费更多的金钱去购买一个特定品牌的商品呢？

马斯洛需求层次理论告诉我们，人类的需求是多层级的。人类的生理需求和安全需求体现出人类天生具有的动物属性。吃得饱、穿得暖、生活舒适、没有病痛、远离悲伤……这些需求在人降生的那一刻就会产生，是属于"生物人"的需求。

"生物人"需求需要通过对商品的使用和消耗才能得到满足。如果想填饱肚子，就需要消耗食物；如果想冬暖夏凉，就需要安装空调；如果想放松神经，就需要聆听音乐或者观赏剧目。

除了生理需求和安全需求之外，人类还具备社交需求、尊

重需求和自我实现需求，体现出人类具有的社会属性。这些属性并不是随着人的降生天然具备的，而是在与他人不断接触的过程中慢慢养成的，是属于"社会人"的需求。

"社会人"需求的满足主要来自于心理认知，而非生理满足。这种需求建立在人与人之间的社会性认知，而非对商品的消耗上。应聘工作的面试者需要根据面试单位的性质和应聘的职位来挑选合适的服装，由此产生的对服装的需求与服装能够给自己带来的舒适需求和审美需求无关。在购买轿车时，购车人除了要考虑各种和操控、安全、舒适相关的需求维度以外，还会考虑车的造型、颜色、档次会留给别人怎样的印象。

与他人的互动越频繁，互动的场合越重要，他/她就越需要借助工具去满足自己的社交需求、尊重需求和自我实现需求。

平日习惯穿着宽松休闲服装的退伍老兵，在约见老战友时会主动换上笔挺的军装。这并非是为了满足追求舒适的生理需求，而是军装独特的象征功能，帮助老兵在心理认知上获得了"社会人"需求的满足。

一切具有外显特点的事物，比如发型、服装、配饰、交通工具，都可以用来象征人的某种属性，其中包括性别、年龄、信仰、职业、审美风格、教育水平甚至经济实力和社会地位等。凭借独特的象征，这些能够具化某种拟人化属性的事物常

常成为帮助持有者融入社会、获取尊重、认可自我的有力工具。

当一件事物具有了象征意义，这件事物就会在本身具有的能够满足"生物人"需求的功能性价值以外，具有一层能够满足"社会人"需求的新价值。

例如，0~9这十个数字在满足人类计算需求层面上并没有高低之别。然而，由于谐音的关系，"6"和"8"被许多中国人认为暗含顺利和发财的寓意，于是这两个数字被人为地赋予了一层象征性价值。这种吉祥的象征性价值满足了许多人的心理需求（或者是自我暗示，或者是向外炫耀），使得"6"和"8"变得比其他数字更受欢迎。同理，在足球场和篮球场上，"10号"和"23号"因为特殊的象征含义，成为在各自运动领域最受欢迎的号码。

古代的文人通过大量的诗词，赋予竹子坚贞有节的品格。慢慢地，竹子就从一种普通的多年生禾本科植物变成了一种坚毅和气节的象征。"宁可食无肉，不可居无竹。"读书人纷纷在自己的庭院中栽种竹子。这里面当然有对于竹子作为一种绿化植物自然审美（功能性价值）的认可，但更多的动机是出于对竹子拟人化品格（象征性价值）的崇尚和向往。从某种意义上来讲，读书人在庭院中栽种的并不是竹子，而是理想中的自己。

现代社会中，品牌是一个蕴含了象征意义，能够满足消费者"社会人"需求的特殊商品。

在凝结了与精神、信仰、个性、价值观、社会地位等各种非功能性的、拟人化的认知之后，品牌具备了象征的功能。由于品牌具有的象征功能，使得消费者在发型、服装、配饰以外，又多了一种有助于具化精神的工具，可以使自己更好地达到融入社会、获取尊重、认可自我的目的。

得益于独特的象征意义，品牌具备了一种实物商品无法具备的价值，值得消费者花费额外的金钱去购买。

暂时抛开功能差异不谈，在选购手机时，有一部分消费者因为品牌代表的创新精神，对苹果手机爱不释手，而另一部分消费者因为品牌蕴含的国家情怀，非华为手机不买。对于这两种消费者来说，他们购买的已经不仅仅是一部手机，而是品牌蕴含的象征内涵，分别是"崇尚创新"的精神和"爱国情怀"的价值观。

这两个品牌的消费者在本质上属于同一类人。他们不是商品的消费者，而是品牌的消费者。在这类消费者眼中，品牌的象征内涵极大地满足了自己的"社会人需求"。品牌的象征性价值比商品本身的功能性价值更为重要，更值得花费金钱去购买。

品牌具有的象征内涵不仅仅对个人消费者具有意义，对许

多试图塑造价值认知的机构也同样适用。

丽思·卡尔顿酒店（Ritz-Carlton）是一家致力于为消费者提供优质服务的豪华五星级酒店品牌。为了彰显超一流的品质，丽思·卡尔顿酒店专门为客人提供享有英国贵族品牌盛誉的爱丝普瑞（Asprey）紫色之水系列作为洗护用品。客人会把爱丝普瑞这个品牌所象征的档次、理念和精神气质投射到对丽思·卡尔顿酒店的认知中。

2018年，顺丰快递为快递员配备了耐克工服。这一举动不仅仅体现了企业对员工的关怀，同时也利用了耐克品牌本身象征的高规格品质，有效地提升了消费者对顺丰服务质量的认知，成为一次成功的营销事件。

品牌的自然生长

品牌可以自然生长。

很多人在第一次听到这句话时感到不解：品牌难道不是经营者通过自身的一系列营销活动打造出来的吗？市场上充斥着各种指导经营者该如何打造品牌的理论，品牌又怎么会自然生长呢？

让我们先看一组特定商品标识自然生长为"背书"品牌的案例。

某城市有两个面包厂：A 和 B。面包厂 A 的制作工艺较为先进，生产的面包较面包厂 B 生产的面包更加好吃。

在第一个实验场景中，面包厂 A 和 B 都以自己的厂名作为品牌，每天向市场售卖 A 牌面包和 B 牌面包。市民每天都会在市场上看到两种面包：A 牌面包和 B 牌面包。经过一段时间的购买、食用、比较之后，市民中会自然形成一种关于品牌的价值认知——贴有 A 牌的面包比贴有 B 牌的面包好吃。A 牌面包逐渐成为城市中知名的面包品牌，慢慢积累起一大批拥趸。

在第二个实验场景中，政府规定面包厂 A 和 B 在出售面包的时候不可以展示厂家名称，只能在包装上写明产地——A 厂面包产自市南，B 厂面包产自市北。市民每天都会在市场上看到两种面包：市南面包和市北面包。经过一段时间的购买、食用、比较之后，市民中会形成一种新的价值认知——产自市南的面包比产自市北的面包好吃。挑选面包时，产自市南的面包对消费者具有更大的吸引力。

在第三个实验场景中，政府规定包装上不许印有包括厂家和产地的任何文字信息。面包厂 A 决定将面包做成方形，面包厂 B 决定将面包做成圆形。于是，市民每天都会在市场上看到两种面包：方形面包和圆形面包。在一段时间的购买、食用、比较之后，市民中会形成一种价值认知——方形面包比圆

形面包好吃。在挑选面包时,方形面包具有更大的吸引力,成为市民的首选。

以上三个实验场景中,企业并没有主动组织营销活动,但是最终都形成了对面包消费者来说具有实质意义的品牌。这些品牌分别是:"A牌"面包、"市南"面包、"方形"面包。经过反复验证后,"更加美味的面包"这个价值认知分别被凝结在"A牌""市南""方形"这三个标识上,让这三个普通的标识变成具有背书功能的品牌。在这三个品牌的帮助下,消费者能够快速选到最好吃的面包。

接下来让我们再看一组特定标识自然生长为"象征"品牌的案例。

1973年,世界第一部手机在纽约诞生。早期的手机厚实笨重,价格昂贵。当人们看到富商和权势人物在街头使用手机发号施令后,大家慢慢地把这种手机和权势、地位联系在一起,甚至给这种"砖头手机"起了一个响亮的名字——"大哥大"(港台电影中对帮派老大的称谓)。

"大哥大"不再仅仅具有通信的功能,还变成了权力、地位的象征。许多个性张扬的老板整天"大哥大"不离手。吃饭喝茶把"大哥大"往桌上一放,就像押上了富贵的筹码,立刻为自己赢得尊重,生意上的谈判也变得轻松。慢慢地,早期的手机从一种通信工具变成一种象征。

品牌之所以能够自然生长，要感谢消费者的努力。

消费者自发地对隶属同一标识下的一揽子商品蕴含的共性价值进行归纳和总结，在标识和价值认知间架起"加号"，让品牌公式（品牌＝商业标识＋特定的价值认知）得以成立，就这样，商标进化为品牌。

品牌是人类社会的自然产物。标识之所以会进化为品牌，并不是企业主动为之的结果，而是消费者在消费过程中反复归纳和总结经验，本能地在特定的商业标识和特定的价值认知之间进行连接，使商标进化为品牌。

把视线转移到商业环境以外，我们可以在身边发现许多自然生长成型的品牌。

在郎朗尚未开启自己的演奏生涯之前，大家不会在听到"郎朗"这个名字时产生什么认知。郎朗只是一个普通的名字，或者说只是一个普通的自然人的标识。随着郎朗一次次用美妙的演奏征服听众，人们开始意识到这位天才演奏家在音乐领域为世人创造的价值，逐渐把郎朗这个名字（标识）和高超的钢琴演奏技巧带来的艺术享受（价值认知）联系在一起。郎朗不再只是一个普通的名字。人们把"郎朗"当作一个在钢琴演奏领域的品牌，即使没有任何专业乐理知识的听众也能凭借"郎朗"这个背书工具，迅速甄别出这是一场高水准的

钢琴演奏会。

　　300多年前,哈佛只是一个普通的学校捐款人的名字,并没有什么特别的含义。但是在几百年数十代教育家的努力之下,在世人一次次目睹哈佛教授及毕业生取得的辉煌成就后,大家慢慢意识到这所大学卓越的研究水平和教育质量。时至今日,哈佛已然变成了一个品牌,一个"高水准教育"的背书工具。提起"哈佛"二字,人们自然会联想到雄厚的师资、超前的教育理念、优美的校园环境……而那些哈佛学子也得益于"哈佛"这块金字招牌的背书功能,在毕业时被各大企业竞相追逐。

　　在1980年以前,深圳没有任何引人注目的地方,和珠海、佛山、清远一样,只是一个普通的地级城市而已。随着深圳特区的成立,在一系列开放政策的指引下,深圳经历了高速发展。如今,深圳不仅高楼林立,成为中国华南的经济重镇,更以其开放、大胆、进取的城市精神和灵活政策,吸引着无数高科技创业人才纷至沓来。仅仅40年的时间,深圳从一个名不见经传的普通城市,变成了中国改革开放的试验田和排头兵。深圳这座城市,为立志于创新和拓展的企业与个人提供了独特的政策空间和生存环境。这种认知有别于上海的摩登、西安的厚重、成都的安逸,在中国形成了一个独特的城市品牌。

无论是一个人、一所学校，还是一座城市，只要该主体能够持续不断地向受众创造价值，并且为受众提供一个相对稳定不变的标识，那么受众就会慢慢地把对该主体的价值认知注入主体的标识中去，使该主体拥有的标识成为一个品牌。

靠商品赚取一笔钱，靠品牌赚取另一笔钱

上文中，我们介绍了解品牌对于消费者具有的两种功能：品牌的"背书"功能可以帮助消费者更高效地挑选到能够满足自己"生物人需求"的商品。品牌的"象征"功能，可以帮助消费者更恰当地满足自己的"社会人需求"。在这两种功能的驱使下，消费者会自发地把具有共性的价值认知凝结在商标中，使商标生长为品牌。

品牌形成以后，不仅仅是消费者从中受益，拥有品牌的企业也会得到相应的经济回报。这种回报就是我们常说的品牌的"溢价能力"。

毋庸置疑，强势的品牌总是能给企业带来溢价能力，帮助企业在竞争中占有更高的市场份额，或者拥有丰厚的利润空间。

海飞丝的市场占有率遥遥领先于飘影；阿玛尼的单品价格高于七匹狼却仍然畅销；苹果在全球的智能手机市场以20%

的销售量收割了 80% 的利润额。这些品牌的成功很大程度上得益于品牌的溢价能力。

品牌的溢价能力来自于消费者愿意为品牌支付金钱的消费意愿。而消费者的消费意愿建立在对品牌蕴含的"背书"和"象征"两种具体功能的价值认知之上。从这两种功能切入，经营者可以认清品牌溢价能力的本质，以便有章可循地建立和升级品牌，避免高额的营销费用在各种眼花缭乱的品牌活动中被浪费。

当消费者产生"生物人"需求时，品牌的背书功能可以有效地帮助消费者提升消费决策效率。品牌是工具，商品是目的。品牌的溢价能力，来自于品牌的"背书"功能为消费者节省了大量的消费决策成本。 如果一个"好工具"可以帮助消费者节省更多的时间和精力，那么消费者自然愿意为"好工具"支付比"坏工具"（或者"无工具"）更多的金钱。

一天，我从妻子采购的食物中拣起一个橘子，觉得味道非常不错，随口问道："今天的橘子真甜，是在哪里买的？"过了一会儿，我又拿起一包饼干，也觉得非常好吃，又问道："这包饼干真好吃，是什么牌子？"在这两句问话中，我的目的是相同的——找到一个可以为商品价值背书的工具，从而提高我下一次消费决策的效率。那家总是出售甜美多汁橘子的水果店和那个总是能生产香甜可口饼干的品牌，会因为为消费者

提供了稳定的、值得信赖的、可以节省消费决策成本的背书工具，而赚取比竞争对手更多的利润。

无论一个商标的知名度有多高，如果它蕴含的价值认知不能在消费者做出消费决策时起到"背书"的作用，帮助消费者降低消费决策的成本，那么这个商标就不能被视为一个成功的品牌，也无法为企业带来品牌溢价。

好莱坞拥有许多著名的电影公司，包括华纳兄弟公司、米高梅电影公司、派拉蒙影业公司、哥伦比亚影业公司、环球影片公司、联美电影公司等。这些电影公司每年都在为全世界的观众制作出无数精彩的影片。这些企业拥有的品牌是否具备溢价能力，电影观众是否会因为这些品牌背书的电影而支付更高价格的门票呢？

请回想一下我们最近一次购买电影票的经历。

走进电影院前，每个人都会对电影的故事情节、演员的表演水准、音画质量等多个维度产生需求。在选择电影的过程中，豆瓣评分是一个重要的背书工具，朋友口碑是一个重要的背书工具，导演和演员阵容是一个重要的背书工具，票房成绩是一个重要的背书工具，所获奖项是一个重要的背书工具……我们拥有的背书工具越多，越能够准确地挑选到最能满足自己观影需求的影片。

然而，几乎很少有人会使用影片制作公司作为背书工具。

第 5 章
用价值思维重新诠释品牌

华纳兄弟公司出品的电影会比派拉蒙影业公司出品的电影更精彩吗？环球影片公司出品的电影内容更加深刻吗？又或者哥伦比亚影业公司出品的电影更富娱乐性？答案是否定的。如果你问朋友："是想看一部奥斯卡获奖影片，还是一部没有获奖的影片？"或者"是想看一部全球票房 10 亿美元的影片，还是 500 万美元的影片？"，你通常都会得到显而易见的答案。因为奥斯卡获奖，10 亿美元票房，都是明确的背书工具，可以帮助人们在信息有限的情况下，对电影的质量高低形成相对准确的认知。但是如果你问朋友："是想看一部 20 世纪福克斯出品的影片，还是联美电影公司出品的影片？"你的朋友一定会对这个问题感到非常困惑。

平日里，我们看完一部精彩的电影后并不会留意制片公司的名字，更不会把它当作背书工具。在选看电影的过程中，一部电影究竟由哪家电影公司制作，并不会对消费者的消费意愿产生影响。从这个意义上讲，这些电影公司拥有的所谓的"品牌"，只是停留在商标层面，并不蕴含特定的认知，也不具备背书功能，不会让电影门票产生溢价。

迪士尼是所有电影制片公司中的一个例外。

人们不会因为华纳这个名字去特意观看一部剧情片，但是会因为迪士尼这个名字去特意观看一部动画电影。通过多年的积累，迪士尼公司将"精彩的、充满奇幻色彩的动画电影"

这一认知凝结在自己的商标中，这使迪士尼由商标进化为品牌，成为消费者甄别动画电影质量最常使用的背书工具之一。在推介一部动画电影时，迪士尼公司不必动用太多的资源详细阐述影片的故事情节和音画效果。"迪士尼"这三个字，就会调动消费者对影片的质量预期、观赏热情以及购票决策。

我们在上一节中介绍过，为了节省决策成本，消费者经常会根据品牌，而不是商品本身进行消费决策。因此，凭借品牌的价值认知，迪士尼公司总是能让自己出品的动画电影出现在消费者的候选影片范围之内，将竞争对手排除在外，从而在竞争中处于遥遥领先的地位。

当消费者产生"社会人"需求时，品牌的象征功能可以有效帮助消费者具化自己的精神、个性、价值观、社会地位等个人属性，从而满足自己的促进社交、获得尊重、自我实现等需求。商品是载体，品牌是目的。品牌的溢价能力来自于其为消费者提供的具有拟人属性的象征功能。如果一个"好象征"可以恰如其分地帮助消费者具化自己的精神、个性、价值观、社会地位等身份属性，那么消费者自然愿意为"好象征"支付比"坏象征"（或者"无象征"）更多的金钱。

请读者在下一次走进花店时，稍稍留心一下销售人员的询问话术。"先生，请问您买花是自用还是送人呢？""请问您买花是送给什么人呢，是女朋友、太太、母亲还是朋友？""请

问您买花是为了庆贺什么特殊的日子吗?"销售人员深知,消费者购买鲜花的需求维度并不在于花朵有多美丽,而是鲜花蕴含的意义。特殊的人、特殊的日子、特殊的场合叠加在一起,决定了购花者会为哪些象征寓意支付更多的金钱。

白酒是中国人宴请宾客时必不可少的组成部分。在挑选白酒时,主人最主要的考量因素并不是酒水的口味,而是白酒品牌象征的一系列拟人化属性。凭借着国酒的身份,一瓶53度的飞天茅台可以体现出主人对宾客的重视有加,因此总是出现在那些高规格、正式的和重要的宴会中。消费者在购买茅台时支付的高昂价格,很大程度上是在为茅台品牌独有的优质象征性价值而买单。

"溢价"这个词的字面意思很容易让人产生误解。许多人以为,由于品牌的存在,一件商品的价格会比其实际应卖的价格更高,这部分溢出的价格使商家赚去了超额利润。但实际上并非如此。

一个好的品牌,或者具有"背书"的功能,可以帮助消费者节省决策成本;或者具有"象征"的功能,可以帮助消费者在特定场合满足心理或精神上的需求;抑或两者兼具。经营者在为品牌创造这两种价值时都需要付出成本,消费者在获取这两种价值时自然也需要支付相应的金钱。

尽管品牌表面上只是一个虚拟的符号或者标识,不像商品

那样是一个客观存在的事物。然而，品牌和商品一样，都为消费者创造实实在在的价值。在公平和公开的交易环境中，消费者可以根据自己的需求来决定是不是要为某个品牌具有的背书和象征功能支付金钱。

企业总是把商品和品牌捆绑在一起放在市场上出售。这会让许多人习惯于把商品和品牌视作一个整体。似乎商品卖的多，就是品牌就做得好。品牌做得好，商品就会受到欢迎。

然而，商品和品牌从本质上来讲是两个不同的事物，为消费者提供不同的价值。

虽然消费者在每次购买时只支付了一笔钱，但是这笔钱所换来的，是消费者需要的两种不同的价值。一种价值来自于商品对消费者需求的满足，一种价值来自于品牌对消费者需求的满足。

换句话说，企业并没有通过品牌强迫消费者为一件商品支付"溢出"或"超额"的价格，而是在生产"商品"的同时，为消费者创造了另一种具有价值的名为"品牌"的事物，并把"品牌"和"商品"两个蕴含不同价值的事物捆绑在一起进行销售。

那些善于建立品牌的企业之所以能够在竞争中取得成功，是因为它们在每天的经营活动中同时为消费者创造两种具有价值的事物：商品和品牌。而其他企业则只是在创造一种有价值

的事物：商品。前者对后者的碾压不啻为一种"降维打击"，取胜也在情理之中。

两种价值的对立与统一

商品价值与品牌价值之间的关系十分微妙，既相互影响，又彼此独立。

企业的使命是为消费者创造价值。商品蕴含着属于商品的价值，品牌蕴含着属于品牌的价值。**这意味着企业在经营过程中，既需要掌握让商品蕴含价值的方法，也需要掌握为品牌注入价值的方法，才能够最大限度地提升经营效率，完成为消费者创造价值的企业使命。**

如果一家企业可以生产出最优质的电视机，但是不懂得如何建立品牌，那么这家企业发展的终点就可能会演化为索尼、夏普、长虹这些拥有品牌企业的代工厂和供应商。

而如果一家企业只懂得如何为品牌注入认知，却对制造电视不得要领，那么就会走向与"乐视电视"这样的品牌泡沫相似的失败结局。

商品和品牌是两种不同的事物，承载着不同的价值。然而，商品和品牌之间又存在着相互影响的统一性。如果经营者把对商品和品牌的管理完全割裂，那么两种价值的建立都会以

失败告终。

一方面，商品蕴含的价值对品牌蕴含的价值起到重要的支撑作用。世界上并不存在一个从天而降的品牌。每一个品牌蕴含的价值，都需要建立在成千上万个商品蕴含价值的基础之上。

许多经营者笃信一个强大的品牌可以拉升企业整体的销售业绩，很自然地将"建立品牌"或者"升级品牌"摆在重要的战略位置上。

然而，品牌从来都无法脱离商品而独立存在。在为品牌注入价值认知的过程中，经营者必须把商品视为品牌建设工作的众多支柱工作之一，进行整体规划。经营者一旦忽视商品价值对于品牌价值支撑的重要意义，让商品成为品牌木桶的短板，那么围绕品牌建设的工作（广告传播和销售终端管理）也会失去意义。

即使我们把法拉利品牌播放的所有广告都更换成大众的标志，这些完美传递品牌精神的营销活动也不会让大众品牌成为超级跑车品类中的佼佼者。消费者对品牌形成的价值认知，会在门店亲身感受大众轿车价值（外形设计、马达动力、内设风格……）的瞬间发生改变。

另一方面，品牌蕴含的价值为商品蕴含的价值指明方向，让商品的价值创造工作有章可循、有据可依。

第 5 章
用价值思维重新诠释品牌

商品的价值来自于消费者的需求以及商品对需求的满足。消费者的需求多种多样，满足需求的方法五花八门。企业应该选择消费者的何种需求，采取何种方式进行满足，对经营者来说是一个极具战略意义的问题。当企业每年都要向市场推出成千上万件商品时，经营者需要使用品牌的价值认知去规范一揽子商品的价值方向，以避免消费者在凝结价值认知的过程中产生混淆。

一家有能力生产各种鞋具的企业，需要在工厂运转之前弄清楚企业的使命究竟是要满足运动员在赛场上的需求，还是要满足职场人在商务场合的需求。这种在品牌价值层级的价值思考，最终会影响流水线上每一件商品蕴含价值的呈现结果。当市场上的鞋具企业变得越来越多，竞争越来越激烈时，经营者就越需要利用明确的品牌价值认知，自上而下地指导商品开发、设计和生产的路径。只有这样，才能最大限度地保证消费者在众多商品中快速识别品牌特有的价值，让品牌蕴含的价值认知快速地在消费者的心智中落地生根。

商品和品牌关系的微妙之处在于两者既是彼此不同的个体，又有着天生的内在联系。一方面，商品蕴含的价值会成为品牌蕴含价值的基础。另一方面，品牌蕴含的价值又会对商品价值创造进行指引。

当消费者决定是否为某品牌商品支付金钱的时候，影响他/她消费意愿的，既不是目标商品蕴含的价值认知，也不是目标品牌蕴含的价值认知，而是"目标商品蕴含的价值认知+目标品牌蕴含的价值认知"的总和。

我们可以在商品价值的基础上，对消费者愿意支付金钱的共识进行进一步展开：

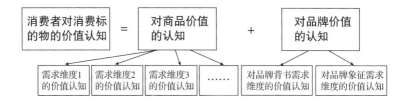

品牌之所以能够产生溢价，是因为消费者在消费过程中产生出对品牌背书和象征的需求维度，且目标品牌可以满足消费者的这两种需求中的一种或两种。

如果消费者掌握充分的信息并具备一定的判断能力，可以不需要通过外界的背书就能快速对商品的价值进行辨别，那么在背书维度上，目标品牌对消费者来说就不具备特别的价值。又或者消费者在判断商品价值时非常需要来自外界的背书，但目标品牌并不能让消费者对商品产生高价值认知，那么在背书维度上，目标品牌对消费者来说也不具备特别的价值。

如果消费者处于一个自处的场合，并不需要通过外界象征来满足心理需求，那么在象征维度上，目标品牌对消费者来说

第 5 章
用价值思维重新诠释品牌

就不具备特别的价值。又或者消费者在某个社交场合中非常需要依靠外物来传递自己的某种特质,但目标品牌并不能传递出这种特质,那么在象征维度上,目标品牌对消费者来说也不具备特别的价值。

企业总是将商品和品牌打包出售给消费者。在企业销售出现问题时,经营者需要首先认清商品蕴含的价值认知和品牌蕴含的价值认知到底哪一方出现了问题,然后才能有的放矢地为商品和品牌组织不同类型的营销活动,为商品和品牌分别注入欠缺的价值认知。

在注入价值认知的同时,经营者需要让两者的价值彼此联系,在认知逻辑上达到统一。只有如此,企业的所有以推动销售为目的的营销活动才会具有沉淀性和持续性,才能切实帮助企业达成建立和提升品牌的战略目标。

本章小结:

- 品牌是凝结在商业标识上的价值认知。
- 品牌对消费者来说具有两种功能:①背书;②象征。前者可以提高消费者在海量商品中甄选出高价值商品的效率,后者有助于消费者实现自我认知和社交认知。
- 那些能够为消费者提供背书价值和象征价值的品牌会为企业带来"溢价"回报。

- 品牌的价值和商品的价值不是孤立存在，而是相互影响的。品牌的价值需要以商品的价值作为基础和支撑，同时品牌的价值也会为商品的价值创造指明方向。

思考题：

- 在你身边，有没有知名度高，但是价值认知模糊的品牌？
- "龙"是一种虚构的生物，东西方的文化分别通过何种方式让"龙"具有不同的象征意义呢？
- 当你决定购买一件波司登羽绒服时，你在多大程度上是在为品牌蕴含的"背书"价值支付金钱，在多大程度上是在为品牌蕴含的"象征"价值支付金钱？
- 在士力架"横扫饥饿"的品牌价值指引下，有哪些价值创造可以强化士力架品牌的价值认知，有哪些价值创造反而会弱化士力架品牌的价值认知？
- 请回想一次你曾经受到品牌价值的驱使购买商品，但是商品带给你的价值认知却不符合预期的经历。在这次经历之后，你对该品牌的价值认知发生了怎样的变化？

用价值营销模式建立和升级品牌

第6章

品牌可以自然生长,但是这个过程非常漫长。企业必须掌握正确的方法,主动建立和升级品牌,缩短商标凝结价值认知的周期。

企业早一日达成品牌建立和升级的目标,就可以早一日在市场上获得竞争优势。

正确认识品牌的竞争力

企业的一切经营活动都是以提高营收水平为目标。为了提高营收水平,经营者需要不断提高企业在不同环节的竞争力,例如商品的竞争力(简称商品力)、渠道的竞争力(简称渠道力)、成本的竞争力(简称成本力)等。品牌的竞争力是企业实现营收所需的诸多能力中的一种,可以理解为企业依靠品牌实现营收的能力,简称品牌力。

品牌的竞争力具体表现为品牌这个要素在消费者形成消费

第6章
用价值营销模式建立和升级品牌

意愿过程中发挥的作用。价值认知是影响消费者消费意愿的核心要素。**因此，品牌间的竞争不是销售业绩的竞争，也不是知名度的竞争，而是关于价值认知的竞争。**

有些经营者会因为品牌销售的体量庞大而对品牌竞争力沾沾自喜。然而，高额销售很可能来自于低廉的价格，深入三、四、五线城市的渠道深度，或者是政府的扶植政策，而未必来自品牌竞争力。**在评判品牌竞争力的时候，经营者应该考察品牌的价值认知在企业达成销售目标的过程中发挥了多大的推动作用，而不是用销售业绩的结果反推品牌竞争力的强弱。**经营者需要尽量过滤掉商品、价格、渠道等因素对销售业绩的影响，才能够检验出品牌是否真正具有竞争力。

还有些经营者把知名度当作衡量品牌强弱的指标，在媒体投放上一掷千金，希望以此增加品牌的竞争力。但知名度并非品牌竞争力的核心要素。品牌的知名度之于品牌的价值认知，就好像商品的铺货广度之于商品的价值。如果经营者对一个尚未建立明确价值认知的品牌大肆推广，就好像将毫无价值的商品铺陈到千万家零售终端一样，只会浪费大量的企业资源。

和商品之间的竞争一样，品牌之间的竞争也是围绕价值认知展开的。

中国石化和中国石油这两个品牌的营收体量巨大，品牌的知名度在中国也是家喻户晓。然而，如果我们向消费者询问这

两个品牌各自蕴含了怎样不同的价值，恐怕极少有人能给出明确的答案。更多时候，司机会根据加油站的地理位置，而不是对品牌的价值认知来做出消费选择。

如果有一个品牌在消费者心目中建立了"汽油不含杂质，燃烧效率更高"的价值认知，那么就会为企业在品牌层面带来竞争优势。消费者在选择加油站时，不仅会把"离我最近的加油站"作为消费理由（网点的优势），还会把"更高的燃烧效率"作为消费理由（品牌价值认知的优势）。

消费者的消费意愿会受到许多因素影响，只有当品牌蕴含的价值认知在消费意愿形成的过程中发挥重要作用时，我们才认为这个品牌具备了真正的竞争力。

越是强大的品牌，其所蕴含的价值认知在消费者构成消费意愿中越会发挥重要的作用。在极端情况下，由品牌价值认知构成的消费意愿甚至会大大抵消由其他要素带来的负面影响。一般情况下，连夜排队去购买一件价格昂贵的商品会大大降低消费者的消费意愿，但是如果品牌本身对消费者来说具有足够高的价值认知，这种现象就变得容易理解。

凝结了更高价值认知的品牌总是能够激发消费者更强烈的消费意愿。当经营者喊出"建立强大品牌"这句口号时，我们必须明白隐藏在这句话背后的真实含义——"让品牌凝结

第6章
用价值营销模式建立和升级品牌

对消费者有巨大吸引力的价值认知"。

那么,经营者该如何建立和提升品牌的价值认知呢?为品牌选择正恰当的价值认知,以及高效地将价值认知注入品牌,成为企业建立和升级品牌竞争力的两项关键工作。我们将在下文进行阐述。

为品牌选择恰当的价值认知

品牌蕴含的价值认知是背书和象征两种价值认知的叠加,即

$$品牌价值认知 = 背书功能需求 \times 对品牌背书的认知 \\ + 象征功能需求 \times 对品牌象征的认知$$

举个例子。如果消费者选择苹果品牌的理由是"苹果最能满足我对手机性能和美观的需求",那么就意味着在消费者形成消费意愿的过程中,苹果品牌背书维度的价值认知在发挥作用;如果消费者选择苹果品牌的理由是"苹果最能代表我认可和追求的精神形象",那么就意味着在消费者形成消费意愿的过程中,苹果品牌象征维度的价值认知在发挥作用。这两种价值认知构成了消费者对苹果品牌价值认知的总和。

消费者在面对不同品类时,会在生物人维度和社会人维度

产生不同权重的需求。所以，经营者首先要搞清楚消费者的需求权重，然后再为品牌注入恰当的价值认知。

消费者在使用具有内用特质的品类（比如清洁用品、床上用品……）时，在生物人维度上产生的需求权重更大。经营者应该为品牌注入更多与背书相关的认知，让品牌成为帮助消费者挑选目标商品的好工具。较少地注入与象征相关的认知，因为这些并不能对消费者产生足够的新引力。

以牙膏品类为例。绝大多数消费者使用牙膏是为了自己的健康，并且在刷牙时处于相对封闭的环境里。这就决定了牙膏品类中的品牌需要更多地发挥背书功能，而不是象征功能。向品牌注入防蛀、美白、防过敏等认知，可以对消费者产生强烈的吸引力。而向品牌注入年轻、不羁、优雅等认知，则不太容易激发起消费者的兴趣。高露洁、佳洁士、云南白药、舒适达这些品牌都深谙此道，把营销精力和资源集中投放在功能认知的塑造上。

消费者在使用具有外显特质的商品（比如服装、鞋帽、箱包、汽车、手表、首饰……）时，除了会在"生物人"维度上产生需求以外，还会在"社会人"维度上产生更多的需求。经营者在为品牌注入与背书相关的认知的基础之上，需要注入更多的与象征相关的认知，才能最大限度地提升品牌整体的价值认知。

第 6 章
用价值营销模式建立和升级品牌

以腕表品类为例。从计时功能的维度看，腕表几乎可以被智能手机替代。然而，腕表行业，尤其是中高端腕表市场的容量依旧稳步增长。这是因为腕表本身具有一种外显特质。除了计时，腕表还可以向他人展示佩戴者的审美情趣和身份地位。品牌的象征功能因此被大大提升。与其把腕表视为一种计时工具，不如将其看作一种具有计时功能的首饰。斯沃琪、卡西欧、浪琴、泰格豪雅、劳力士、百达翡丽……这些品牌之所以会与众不同，并不是因为它们在计时功能维度上有所差异，而是因为每个品牌都凝聚了独特的个性、审美风格和精神主张，具有完全不同的拟人化特质。

> 女性可以使用项链、耳环、手链、胸针等众多标签工具，但可供男性使用的标签工具非常有限。因此，男性消费者会对腕表的象征性功能产生比女性消费者更加强烈的需求。针对这一特点，在为品牌注入拟人化特质时，腕表企业会把男性消费者认可的象征属性置于更重要的位置。

在建立和升级品牌之前，经营者需要首先明确要为品牌注入哪一类型的价值认知。一旦经营者为品牌选择的价值认知出现偏差，建立品牌的工作就会沿着错误的方向越走越远。经营者不仅难以建立可以产生溢价回报的品牌，还会在建立和升级品牌的工作中耗费巨大的人力和财力资源。

在 2016 年世界杯期间，蒙牛集团推出了以"天生要强"

为主题的营销活动,并聘请著名球星梅西作为蒙牛首席要强官。在营销活动中,蒙牛集团试图向品牌注入一种面对困境不气馁、不认输的要强精神,期望在世界杯期间利用这种精神和消费者产生共鸣,增加消费者对品牌的好感度,从而达到提升品牌竞争力的目的。

然而,如果我们仔细分析消费者饮用牛奶的场景和需求维度,就会发现牛奶是一个有很强的内用特质的品类。消费者在选购牛奶的时候最在意的是牛奶的品质、营养成分、安全性、口味等功能性价值。而品牌无论具备怎样的象征内涵——年轻、要强、勇于创新,都不会成为影响消费者消费决策的主要因素(如果牛奶是一种经常出现在酒吧、聚会、餐桌上的社交饮料,那么为品牌注入拟人化的象征认知就是有意义的)。

事后证明,蒙牛也并未因此次活动和伊利在品牌价值认知层面产生实质性的差距。尽管"天生要强"的营销活动在世界杯期间被大量的曝光并产生了大量的社交评论,但造就这些耀眼数据的是高额的媒体投放费用,而不是品牌的价值认知。如果蒙牛集团的经营者可以在活动之初,更加慎重地研究消费者对牛奶品类的需求维度,为品牌选择正确的认知加以注入,那么这些数以亿计的媒体费用将为品牌的溢价能力带来无法想象的提升。

> 从某种意义上讲,"天生要强"更适合作为塑造企业文化的口号,在企业内部向员工喊出,而不适合作为塑造品牌认知的口号,向外部消费者喊出。

品牌价值认知的光环效应

无论一个品牌蕴含的是背书价值还是象征价值,这个价值认知都必须对旗下商品形成价值加持,否则这个品牌蕴含的价值认知就失去了意义。

"老干妈"这个品牌以生产正宗好吃的辣酱而闻名。在这个价值认知的加持下,老干妈旗下的辣酱产品可以充分享受品牌散发的光环效应,在市场上具有更高的竞争力。然而,品牌的光环半径是有限的。当消费者选择非辣酱产品时,品牌带来的价值加持作用就会减弱。假如老干妈的业务进入与调味酱甚至是与食品完全无关的品类,那么就将彻底脱离品牌价值光环的覆盖。无论老干妈这个品牌本身多么受欢迎,处于品牌光环半径以外的产品,并不会享受到品牌背书功能或者象征功能带来的价值加持。

品牌价值认知的光环半径是有限的,而企业又总是为了促进销售而不断拓展品类半径。这一对天然的动态矛盾常常为经营者在建立和升级品牌时带来挑战。

当品类扩张超出品牌现有的光环半径时,经营者可以采取两种解决办法。

第一种办法,经营者保持现有品牌的价值认知不变,同时为新品类建立新的品牌,并为其注入与新品类相匹配的价值认知。比如,当可口可乐公司决定生产柠檬味汽水时,企业的经营者既没有选择将其放入以可乐口味汽水著称的可口可乐品牌旗下,也没有选择将其放入以橙子口味汽水著称的芬达品牌旗下,而是为这一系列的汽水建立了新的品牌——雪碧,并不断将"清爽畅快的柠檬味汽水"这一价值认知不断地注入品牌之中。

第二种办法,经营者改变现有品牌价值认知的内涵,使品牌的光环半径可以覆盖到更广泛的新品类领域。比如,当苹果公司决定将业务从个人电脑拓展到音乐播放器、智能手机时,企业的经营者决定始终沿用苹果品牌。与此同时,苹果公司更加注重在品牌中注入精神层面的认知,使苹果品牌逐步从"个人电脑专家"转变为"富有创新精神的高科技电子专家",扩大了品牌价值认知的光环半径。苹果光环半径的增加也为其后续的品类拓展打下基础。当苹果公司继而推出平板电脑、智能手表、无线耳机等系列产品时,消费者并不会感到突兀,反而加强了对苹果品牌价值认知的认同度。

一个品牌究竟应该聚焦细分领域进行深耕,还是应该横跨

多个品类拓展边界,最主要的考量因素在于经营者能否根据实际情况调节品牌价值认知的内涵,使品牌的光环半径和旗下商品品类之间配置得当。

在业务不断扩展的过程中,经营者需要定期对品牌价值认知的光环半径以及旗下品类领域的边界给予清晰的界定。一方面,品牌的光环不可能为所有品类拓展带来同等程度上的价值认知加持。另一方面,一旦超出品牌光环半径的新生品类过多,这些商品会使消费者对品牌现有的价值认知产生混淆和疑惑,对品牌的光环效应形成反噬。

通过商品为品牌注入价值认知

在许多经营者的心目中,塑造品牌,为品牌注入认知,应该依靠大量的广告宣传。但实际上,消费者对品牌价值认知的闭环,是由商品、终端、传播等多个环节组成的。当企业决定要建立或者重塑品牌时,经营者需要首先考量该如何通过商品的规划与创新去体现品牌蕴含的价值,进而影响消费者的认知。

我们在第3章介绍过,商品的名称、包装、使用体验等环节都是消费者形成价值认知的重要来源。这就要求经营者在商品规划和创新时,必须承担起"通过商品塑造消费者对品牌价值认知"这项职责,让商品成为组成品牌的细胞。

商品是消费者对品牌价值形成认知的基础。企业广告资源的多寡会在一定程度上影响品牌成长的速度，但是不会影响品牌价值认知的具体内涵。在一家企业里，谁掌握了商品的规划逻辑和开发路径，谁就可以掌握品牌发展的方向。

许多人以为商品在先，品牌在后。但实际上，商品从无到有的创新过程，反映出经营者对品牌价值方向的抉择。当史蒂夫·乔布斯和詹姆斯·戴森把自己对消费者的需求洞察、技术方案和美学理念融入一部智能手机和一台双气旋吸尘器时，苹果和戴森品牌的内核基础就已经随着商品的成型被奠定下来。人们接触并使用苹果手机和戴森吸尘器时，可以从商品身上切实感受到商品创新者希望为消费者创造的价值，并把这种认知投射到品牌身上。

许多传统企业只是把商品视为一种可以被出售的物品，甚至是品牌变现的工具，而没有将其视为建立品牌价值认知的重要环节。殊不知，一旦经营者在商品的规划和开发时使用了错误或者混乱的价值准则，品牌就会被动摇。

21世纪初，素雅干净的衬衫曾经让凡客诚品这个品牌深入人心。但是面对年销量100亿元的目标时，凡客诚品的产品经理们不再遵循品牌成立之初的价值准绳，开启了疯狂的品类扩张之路。即使凡客诚品宣传力度依然如故，但是商品带给消费者的价值认知已和往日大相径庭，凡客诚品品牌迅速瓦解，

被人遗忘。

商品的规划与开发,是企业为品牌注入价值的起点。经营者需要具备价值营销的思维,从洞察消费者需求开始,仔细考量每一件商品的功能和设计究竟要为消费者创造什么价值,以及商品个体与品牌整体之间的关系。营销工作的本质是创造价值和建立价值认知。在创造价值和建立价值认知的过程中,商品的规划和开发会为企业所有与品牌建设相关的工作打下基础。

通过传播为品牌注入价值认知

在许多情况下,消费者把对商品的价值认知归纳提炼为对品牌的价值认知,往往需要漫长的过程。**这时,企业通过传播为品牌注入价值认知,可以快速有效地缩短建设品牌的周期。**

在为品牌注入价值认知时,经营者可以从商品出发,把品牌旗下的核心商品蕴含的价值认知作为传播核心,将商品的价值和品牌的价值等同起来。在推介商品的同时,为品牌注入价值认知。

2003年,以"怕上火,就喝王老吉"为核心标语的营销活动,让中国消费者认识了一款名叫王老吉的凉茶,也让王老吉这个商标成为全国家喻户晓的品牌。预防上火既是消费者对

王老吉凉茶这款商品的价值认知，也是对王老吉这个品牌的价值认知。当消费者在餐厅食用辛辣的食物时，王老吉这个品牌及其凉茶单品就成为饮料品类中的首选。

类似的案例还包括：消除饥饿感的士力架，提神醒脑的红牛，专治胃病的三九胃泰，保护嗓子的金嗓子喉宝……这些品牌在消费者心智中的核心价值认知，均来自于对品牌主力商品的价值认知。经营者通过宣传主力商品，把属于商品的价值认知注入品牌，完成了对品牌背书价值认知的建立。

在为品牌注入价值认知时，经营者还可以从品牌出发，以描述品牌的价值主张为传播核心，让消费者直接对品牌形成价值认知。

2014年，阿迪达斯三叶草（adidas originals）品牌推出了主题为"这就是我（this is me）"的品牌营销活动。此次营销活动没有围绕特定单品的性能展开，而是突出宣扬了一种年轻不羁、勇于表达自我的精神。经营者在推出活动之前，深入研究了当时的年轻消费者面临的精神困局——许多年轻人因为过于在意他人的眼光和评价，逐渐收敛了自己的个性，习惯于墨守成规的生活。为了鼓励年轻人勇于活出自己的模样，三叶草将一群忠于自己但是常常被他人贴上异类标签的年轻人推上银幕。在"太放肆""太浮夸""太假"等各种质疑声中，三叶草大胆喊出藏在年轻人心中许久的一句宣言——"太不巧，

这就是我"。

基于细致入微的心理洞察,三叶草的经营者为品牌准确地找到了"勇于活出自我"的精神内核,并通过掷地有声的文案、过目难忘的视觉剪辑、振奋人心的背景音乐,将这种精神注入品牌。那些热衷于原创和追求自我的年轻人在看到"这就是我"的电视广告(以及由此广告衍生出来的一系列线上线下活动)时,发出由衷的感叹:"哦,实在是太酷了,这就是我要的样子,这就是我!"三叶草成为一种象征。年轻人购买三叶草的衣服不再是因为衣服本身,而是期望通过穿着带有三叶草品牌标识的衣服这种方式,来表达自己对"打破常规""追求原创""活出自我"等一系列精神和价值观的认同。

类似的案例还包括:麦当劳在2003年推出"我就喜欢(I'm lovin' it)",耐克在2012年奥运会期间推出的"活出你的伟大"……这些营销活动并没有以推介商品作为主要目的(甚至没有展示具体的商品),而是通过讲故事的方式为品牌注入象征认知,吸引更多消费者愿意将这些品牌用作自我认可和展示自己的标签。

通过终端为品牌注入价值认知

销售终端不仅仅是企业销售商品的场地,更是企业集中展

示品牌旗下商品的场合。因此，企业在销售终端环境传递的信息，会决定消费者对整个品牌（而非单一商品）的价值认知。

从销售和门店运营的角度考量，苹果零售门店完全没有必要使用巨大的落地窗，也完全可以缩减门店的占地面积，以节约房租成本。然而，在苹果公司经营者的定义中，苹果的每一间旗舰店都是让消费者全方位感受品牌理念的绝佳阵地。通过终端呈现的形象以及店内定期的交互活动，消费者即使没有看过苹果公司投放的电视广告，也能够对苹果品牌蕴含的价值形成清晰准确的认知。

并不是所有的企业都能够像苹果、星巴克、麦当劳、宜家一样拥有自己的独立门店，能够为消费者打造一个沉浸式的品牌体验空间。但是，这并不会阻碍企业在终端营造品牌专有的阵地。

走进百货商场，我们总是能够在护肤品和美妆品专区看到一个个由企业花费重金打造的品牌专柜。这些专柜使用各种各样充满创意的陈列道具，以品牌独有的格调，向来往的人群展示着精美的商品。现场的销售人员形象和气质俱佳，待人接物亲切而有礼貌。站在不同的专柜前，消费者可以清晰地感受到每一个品牌独特的价值主张，对品牌形成更加明确的认知。

品牌阵地的逻辑在大卖场的货架上同样适用。为品牌争夺

货架排面是所有企业,尤其是销售团队必须攻克的难关。空间资源为企业在竞品纷争的环境下集中展示品牌形象提供了基础。走进超市,我们经常可以在常规货架旁看到各种地堆、端头、包柱。这些都是各个品牌之间争夺的战略要地。一旦拥有这些阵地,企业可以尽量避开来自竞品的干扰,相对独立和完整地与消费者进行沟通,传递信息,建立品牌价值认知。

品牌的另一面:企业文化

前文我们介绍了向品牌注入价值认知的三种渠道。

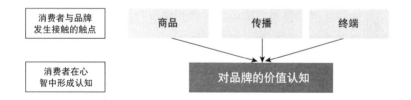

在消费者与品牌之间存在三个重要的触点,即商品、传播、终端。随着与品牌接触次数的增多,消费者会对这三个触点上的每次接触产生的认知进行归纳、总结、沉淀,最终形成一种关于品牌价值的稳定认知。

如果我们沿着商品、传播和终端这三个触点向企业内部追溯,会发现这三个重要触点分别由隶属于营销范畴之中的三支团队分工负责。而企业究竟可以在多大程度上将统一的营销思

维运用到商品开发、消费者传播以及终端管理的工作中,在很大程度上取决于企业内部文化的特质。

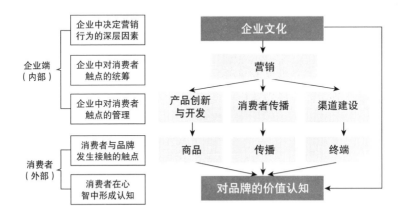

品牌是消费者通过商品、传播和终端形成价值认知的综合性结果,而商品、传播和终端实际上是企业内部对价值使命的外化和延伸。

许多消费者对苹果品牌凝结的那种大胆创新、挑战常规、追求极致的精神痴迷不已。这种精神并不是苹果经营者经过市场调研后为了迎合消费者的需求而创造的,而是源于苹果企业文化天生的基因,甚至可以说是始自史蒂夫·乔布斯个人的精神理念。由于企业上下都秉承着相同的信念,这种精神得以渗透公司日常的每一个经营活动细节,最终外化在商品、广告、终端、服务的各个方面,被消费者感受和认知。

凭借无可阻挡的彪悍感,哈雷戴维森摩托车成为代表探索

自由和狂放不羁的精神符号，风靡世界。即使竞争对手可以复制哈雷戴维森整套的制造工艺，也无法复制哈雷戴维森这个品牌。与其说是摩托车的造型彰显出品牌狂野的个性，不如说是企业内在的精神特质让摩托车长成了哈雷戴维森现在的模样。假若经营者和企业文化中不具备对自由不羁和原始力量的纯粹热爱，那么哈雷戴维森多半会成为一家优质的摩托车制造商，而无法建立起能够让消费者狂热的品牌。

企业的内部文化和品牌的外化表现，就像一枚硬币的两面，两者相互印证，共生共存，无法割裂。检验一家企业是否能够打造出经营者理想中品牌的最好办法，就是到这家企业的总部好好观察一番，体验一下公司内部行为处事的准则和风格。

如果经营者希望自己的品牌象征年轻和自由，那么就要在内部打破循规蹈矩和等级森严的工作信条。

如果经营者希望品牌象征优雅和精致，那么就需要首先对办公环境在品位和细节上提出更严格的要求。

如果经营者希望品牌象征叛逆和不羁，那么招聘一位总是西装革履、不苟言笑的品牌主理人无疑会带来一场灾难。

📖 本章小结：

- 品牌之间的竞争围绕价值认知展开，蕴含价值认知高

的品牌会更具吸引力。
- 在不同品类的商品中,消费者对品牌背书功能和象征功能的需求权重会不同。经营者需要有选择性地为品牌注入相应的价值认知。
- 品牌的价值认知会对品牌旗下的商品形成光环效应。当企业品类拓展的领域超出光环半径,经营者需要考量是否需要为品牌注入新的价值认知,或者建立新的品牌。
- 经营者可以通过商品、传播和终端三种渠道为品牌注入价值认知。
- 企业文化对品牌价值认知外化的建设工作至关重要。

思考题:

- 可口可乐和百事可乐蕴含的品牌价值认知有何不同?两个品牌价值认知的区别会如何影响消费者的消费选择?
- 奔驰公司推出的"Best or Nothing"广告语为品牌注入了何种价值认知?
- 以一个你最钟爱的品牌为例,列举出你爱上这个品牌的理由。请思考这个品牌的经营者是通过什么方法把这些打动你的价值认知注入品牌的?

第7章

价值营销从转变思维开始

思维决定行为。在提升企业营销（商品营销和品牌营销）能力的实际工作中，经营者是否使用了正确的营销思维，将直接决定一家企业营销工作的最终结果。通过回答以下五个问题，经营者们可以随时判断自己和团队是否完成了从"营销"思维到"价值营销"思维的转变。

业绩还是价值

企业的存在和经营究竟是为了创造业绩，还是为了创造价值？这是价值营销理论对所有经营者提出的核心问题。

如果没有健康的销售额和利润率，企业很快就会倒闭。然而，假如把业绩当作是企业经营追求的终极目标，那么经营者的决策逻辑和执行标准很容易偏离价值的轨道。

创造业绩与创造价值之间的关系，就好像学生学习是为了考取高分还是为了获取知识之间的关系一样。

第7章
价值营销从转变思维开始

分数是考核学生学习成果最重要的数据化指标。然而，无论是教师、家长，还是学生本人，都必须明确学生学习的终极目标是为了获取知识，而不是为了试卷上的分数。学生更不能够以"分数至上"去指导自己的学习活动，在读书和分数之间、在听课和分数之间、在做题和分数之间，强行计算"努力投入与分数回报比"。

学生首先需要搞清楚自己要获取何种知识，然后再弄清有哪些工具和方法可以帮助自己获取这些知识，最后坚决地贯彻执行。获取知识是学生学习的终极目标，试卷上的分数则是学生获取知识的量化结果。

学生学习是为了获取知识而非分数，这一逻辑和企业应把价值创造摆在首位的原则一脉相承。企业在组织营销活动时，不应过分纠结做一次消费者调研能够带来多少业绩提升，使用高级的包装材料能够带来多少业绩提升，制作具有创意的广告能够带来多少业绩提升等诸如此类的问题。追问这些问题，表面上会让提问者展示出专注于业绩导向的领导风格，但实际上反映出提问者在经营管理中对价值创造这个终极使命的漠视。

对销售业绩趋之若鹜却对价值创造漠不关心的思维模式，会让企业退化成一名只在意分数，却不关心知识的"学生"。热衷于使用能够快速带来短期利益的经营手段，无法让企业真正成长和强大。短期方法很难持续反复地使用。一旦所有可以

在短期内提高业绩的方法被使用殆尽，经营者很快就会一筹莫展，对企业发展的停滞束手无策。

我们讨论的价值，指的是企业创造的价值体现在其能够在多大程度上发现并满足消费者的需求。那些认可企业所创造价值的消费者，会根据实际情况支付自己认为合理的金钱。企业最终的销售和利润业绩，是社会上所有消费者对企业创造价值的集体回报的财务量化结果。

世界上所有成功的企业总是能够在"挖掘消费者需求"和"满足消费者需求"两个方面做得比同业者更好，为消费者创造更多的价值。

Zappos 是一家由美籍华人谢家华在 1999 年创立的 B2C 线上售鞋网站。谢家华希望消费者可以在 Zappos 购物时获得良好的体验。为了让消费者满意，客服人员甚至会在公司商品缺货而客户又很着急的情况下，把客户介绍到竞争对手的网站去。从业绩的角度看，这一举动不可思议。然而从价值的角度看，这一举动切实地满足了消费者的需求，同时在消费者的心智中对 Zappos 建立起难以磨灭的价值认知。试想一下，当下一次消费者想要一双鞋时，他/她最先想到的会是哪家网站呢？

招聘者总是为能够招募到高能力而不只是高分数的毕业生感到庆幸；球迷总是为竞技水平高的球员而不是薪酬高的球员

第 7 章
价值营销从转变思维开始

欢呼；艺术爱好者总是希望欣赏到精美的而不是拍卖价格最高的画作。同样，消费者总是喜爱那些能够创造更多价值而不是创造更多业绩的企业。既然价值是消费者的第一选择，那么以服务消费者为中心的企业也应该把价值放在首位。

分数是毕业生能力的量化结果，能力在先，分数在后。薪资是球员竞技水平的量化结果，水平在先，薪资在后。价格是艺术品精美程度的量化结果，精美在先，价格在后。同理，业绩是企业创造价值的量化结果，价值在先，业绩在后。

把创造价值视作企业的使命，并不是让经营者放弃对业绩的追逐，而是要时刻提醒经营者，不要在追逐业绩的过程中迷失自我，也不要因为短期业绩的增长而沾沾自喜。

经营者需要习惯把价值创造当作衡量企业发展的真正目标，在业绩的沉浮波动中，时刻扪心自问：自己的经营决策在推动业绩提升的同时，究竟有没有让企业为消费者创造更多的价值？企业在发展的过程中，究竟有没有积累为消费者创造价值的核心能力？

商品还是需求

商品是价值的载体。企业创造的价值最终都会以商品的形式呈现。人们普遍相信质量好的商品价值高，质量差的商品价

值低。因此，以价值创造作为经营导向的企业往往会对产品的研发、设计和生产环节给予高度关注。

古希腊哲学家普罗塔哥拉曾说过，"人是万物的尺度"。**商品的价值实际上并不由商品决定，而是由人决定**。确切地说，是由人的需求强度和需求被满足的程度决定。如果脱离了需求，任何企业生产的任何商品都不蕴含价值。

需求是价值的基础，这一规律常常在新品研发、设计和生产中被经营者忽略。经营者希望用技术和匠心的积累，制造出最"好"的商品。结果往往导致经营者在没有搞清消费者需求的情况下，就一头扎进研发和生产的复杂工作中。患上营销近视症的经营者总是不适当地把主要精力放在商品上，而非消费者需求上，结果生产出许多无人问津的"好"商品。

苹果在1993年推出世界上第一款PDA产品"牛顿"系列；微软花费多年时间，投入超过十亿美元用于研发在2010年上市的Kin phone；谷歌在2013年推出被市场寄予厚望的谷歌眼镜（Google Glass）……为了开发这些产品，企业投入的资源不可谓不充足，研发的技术不可谓不先进。然而，这些让同行业者望尘莫及的高精尖产品却并未在市场上取得成功。消费者在购买产品时更关心自己的需求将是否会被满足，以及会被如何满足。无论一件商品使用的技术多么先进，功能多么强大，用料多么讲究，如果这些要素与消费者的需求无关，那么

它只会被视为一件物品,而非商品,不值得购买。

世界上第一台掌上电脑 PalmPilot 的发明人杰夫·霍金斯曾说过:"我的竞争对手不是电脑,是纸。"从产品的角度看,PalmPilot 是一台微缩式电脑;从需求的角度看,PalmPilot 是一个便携式的记录和存储工具。后者是决定 PalmPilot 是否具有价值,是否值得消费者支付金钱的基础。

需求是价值的基础,商品是价值的载体。在产品创新端的营销工作中,经营者必须时刻把关注点放在消费者的需求上。消费者需求是新品研发的终点,也应该是新品研发的起点,以及新品研发过程中的检核点。

客户还是消费者

需求来自于人。在挖掘需求之前,经营者首先要界定应该挖掘哪一群人的需求。界定目标人群时,经营者很容易将客户和消费者两个群体混为一谈。

很多企业经营者、营销负责人甚至理论专家在探讨营销问题时都不会对"客户"和"消费者"这两个群体进行专门的区分。然而,如果企业在创造价值的过程中不能分清客户和消费者之间的区别,那么就会给营销活动的策划及执行带来天差地别的影响。

客户（customer）是指那些向企业商品直接支付费用的个人或机构。

消费者（consumer）是指那些最终使用企业商品的个人或机构。

对 B2B 类型的企业来说，客户和消费者是同一群体。企业生产的产品被一家机构购买，同时也被该机构使用。

比如，华为公司开发出云计算系统，然后销售给沃尔玛公司。在这个过程中，沃尔玛公司直接付款给华为公司，因此它是华为云计算业务的客户。而同时，沃尔玛公司使用华为公司的云计算系统，因此也是华为公司的消费者。

对于采取直销模式和直营模式的 B2C 型企业来说，企业服务的客户和消费者是同一群人。比如雅芳、安利、宜家、麦当劳、星巴克、7-11 等。对这些公司而言，它们不需要通过中间商，就可以和商品的消费者直接进行钱物交易。

对于采用分销模式的 B2C 型企业来说，客户和消费者则是两个不同的群体。企业生产的商品被中间商客户购买，但是最终被个人消费者使用。

比如，华为公司开发出手机，然后销售给沃尔玛公司，最终会通过沃尔玛公司的卖场渠道销售给个人。在这个过程中，沃尔玛公司直接支付货款给华为公司，因此是华为手机业务的客户。沃尔玛公司并不会使用华为手机，在商场购买手机的个

第7章
价值营销从转变思维开始

人才是最终使用华为手机的群体,因此他们(大众)是华为手机业务的消费者而非沃尔玛。

也许有人会问,难道大众在商场里购买手机,不是将钱支付给华为吗?实际上,大众把钱支付给沃尔玛,而非华为。大众是沃尔玛的客户,而不是华为的客户(大众在购物过程中使用了沃尔玛提供的零售服务,因此既是沃尔玛的客户,也是沃尔玛的消费者)。

客户(经销商)和消费者这两个群体的需求存在巨大差异。

经销商希望进货折扣低,商品利润率高、流转快、库存积压小。消费者则希望商品能够切实满足自己在生活中产生的需求。经销商并不关心商品的设计、功能、材质,也不会关心消费群体的年龄、性别、收入层级、使用场景。而这些被企业客户忽视的问题,恰恰是企业消费者最关心的问题。当这两个群体的需求不一致,甚至彼此矛盾时,经营者不得不在两者间做出艰难的选择。

企业应该为哪个群体创造价值,以谁的需求作为核心展开经营活动,是经营者必须明确回答的关键问题。

在客户和消费者之间,价值营销理论始终把消费者视作企业价值创造的终极对象。

尽管客户是企业业绩的直接贡献者，但是消费者才是企业存在的终极意义所在。如果消费者抛弃了企业的产品，那么无论经销商多么喜欢企业的服务和优惠政策，也会很快终止和企业的合作。

企业生产的商品凝聚了来自不同经营环节的生产资料，这些人力、物力、财力资源经过消耗被转化为商品的目的只有一个，那就是为了在商品被使用的过程中可以满足消费者的需求。

企业一切经营活动最终都会具化为商品，而消费者是商品生产和流通的终点，消费者对商品的评价和购买意愿将决定企业最终的生存状态。因此，在客户与消费者之间，经营者必须把消费者置于更加重要的地位，才能保证企业获得长久发展。

知名度+美誉度还是价值认知

营销工作的重要职责之一是提升品牌竞争力。品牌竞争力并不像销售业绩和利润率那样可以通过量化数字进行横向或者纵向比较。一种流行的标准是通过定量调研，计算出品牌在消费者群体中的知名度和美誉度。

知名度是指消费者对品牌的知晓和了解程度，即在所有潜在消费者中有多少消费者知道一个品牌；美誉度是指消费者对

第7章
价值营销从转变思维开始

品牌的认可和欢迎程度，即在所有知道品牌的消费者中有多少消费者喜爱一个品牌。如果一个品牌被众多的消费者知道和喜爱，该品牌就会被认为具有较强的竞争力；一个品牌被很少的消费者知道和喜爱，该品牌就会被认为竞争力较弱。

为了提升品牌竞争力，经营者期望在消费者传播端通过一系列的营销工作提升品牌的知名度和美誉度。一些成熟的企业甚至会使用专业市场调研工具，定期对品牌的知名度和美誉度的变化进行追踪，以此作为衡量每一次营销工作成效的重要指标。

尽管使用知名度和美誉度去衡量品牌竞争力的强弱看上去颇有道理，然而在营销工作的实践中却缺乏实际的指导意义。

首先，知名度和美誉度不是判定品牌竞争力强弱的充分条件，高知名度和高美誉度并不能保证品牌一定会受到消费者的青睐。

回力牌运动鞋、凤凰牌自行车、健力宝牌饮料都曾经是中国市场上家喻户晓和深受喜爱的品牌，直到今天，也仍然被许多国人熟知。然而，这些品牌却在各自的品类中把市场份额拱手让给了耐克、捷安特和可口可乐。

放眼国际市场，IBM电脑、诺基亚手机、雅虎门户网站都曾经是风靡全球的品牌，却在各自的品类中输给了品牌基础远不如自己的后进品牌联想、苹果和谷歌。

其次，知名度和美誉度也不是判定品牌竞争力强弱的必要条件，深受消费者青睐的品牌不一定兼具高知名度和高美誉度。

提到汽车，消费者往往会首先想到奔驰、宝马、奥迪、福特。事实上，它们也确实是世界上知名度最高的汽车品牌。但是这丝毫不影响玛莎拉蒂、布加迪、宾利这些并未广为人知的小众品牌在汽车行业中的品牌竞争力。

"今年过节不收礼，收礼就收脑白金"一度成为电视观众最反感的广告语，但是屡弱的美誉度丝毫不影响脑白金在中老年保健礼品品类中独占鳌头的品牌地位。

透过价值的滤镜去观察品牌竞争力的强弱，我们会发现**消费者在进行消费决策时之所以会为品牌买单，并不是因为品牌的知名度和美誉度，而是因为凝结在品牌之上的价值认知**。只有当一个品牌凝结的价值认知变得清晰、丰富、具有吸引力时，品牌才算是拥有真正的竞争力。

在消费者传播端，经营者需要让更多的消费者知道品牌蕴含的价值，而不是单纯地知道品牌；经营者需要让更多的消费者喜欢品牌蕴含的价值，而不是单纯地喜欢品牌。

价值认知是促使消费者买单的原因，品牌的知名度和美誉度需要建立在价值认知的基础之上。如果消费者只是知道品牌的名字，却对品牌蕴含的价值一知半解，又或者只是喜欢品牌

的形象，却对品牌蕴含的价值无动于衷。那么，无论品牌的知名度和美誉度有多高，也不会吸引消费者成为品牌的忠实拥趸，只会成为看上去很美的无效指标。

在判定品牌竞争力的强弱时，经营者真正需要考察的指标不是"品牌知名度"和"品牌美誉度"，而是"品牌价值认知知名度"和"品牌价值认知美誉度"。

假设 A 组 100 名消费者知道"格力品牌是空调专家"，B 组 100 名消费者知道"格力品牌是家用电器专家"，C 组 100 名消费者知道"格力品牌是世界级家用电器专家"。那么，即使格力品牌在这三组消费者之中都拥有相同的品牌知名度，格力品牌在这些消费者之中也会呈现出完全不同的品牌竞争力。

在另一组实验中，假设 A、B、C 三组消费者都表示喜爱格力品牌的程度为 100 分。A 组消费者喜爱的原因是"格力品牌意味着价廉物美"，B 组消费者喜爱的原因是"格力品牌拥有世界领先的性能"，C 组消费者喜爱的原因是"格力品牌是国人的骄傲"。那么，即使格力品牌在这三组消费者之中都拥有相同的品牌美誉度，格力品牌在这些消费者之中也会呈现出完全不同的品牌竞争力。

如果经营者仅仅用知名度和美誉度去衡量品牌竞争力的强

弱，就等于忽略了"价值认知"才是影响品牌竞争力强弱的核心要素这一事实。

判定品牌竞争力强弱的指标直接决定了营销活动的工作方向。

让更多的消费者对格力品牌产生"中国一流空调制造商"的认知和让更多的消费者对格力品牌产生"世界顶级家电制造专家"的认知，会对格力营销活动（产品创新端和消费者传播端）的内容、形式、规格、标准产生截然不同的影响。

经营者如果仅仅关注品牌知名度和美誉度，很容易让营销活动缺乏焦点和统一的指向性。随着沟通渠道的增多以及时间的推移，品牌的价值认知会变得越来越发散，无法在消费者的心智中凝结成型。

在组织和评价营销活动时，经营者不能仅仅关注"知名度"和"美誉度"这两个指标，而是需要始终把建立价值认知摆放在营销工作的核心位置，让价值认知成为支撑品牌知名度和美誉度的内核，把"价值知名度"和"价值美誉度"这两个指标作为建立和升级品牌的目标。

在20世纪80年代，张瑞敏砸冰箱的举动让海尔品牌一夜间成为全民讨论的热点。1985年，张瑞敏在仓库中检查出76台存在各种缺陷的冰箱。在当时一台冰箱的价格不菲，张瑞敏却提出对有缺陷产品零容忍的口号，下定决心把这些冰箱全部

第 7 章
价值营销从转变思维开始

砸掉。

2018年，华帝公司宣布，如果法国国家足球队在俄罗斯世界杯比赛中夺冠，那么凡是在指定时间内购买"冠军套餐"电器的消费者，可以凭借发票全额退款。结果，法国国家足球队果真在当年的世界杯上夺冠，华帝公司也因此成为俄罗斯世界杯期间吸引消费者注意力最多的品牌之一。

凭借所谓的"社会化事件"，两个品牌的知名度得以大大提高，但我们并不能因此认为这两个事件都是成功的营销案例，也不能因此认为品牌竞争力得到了提升。如果细心比较，我们会发现两个品牌在事件中向消费者传递了完全不同的信息。"砸冰箱"事件向消费者展示出海尔公司对产品质量的严格要求。"夺冠神预测"事件则让消费者记住了华帝公司预测冠军的好运气。这两种信息会让消费者对这两个品牌形成不同的价值认知，对消费者未来的消费行为产生截然不同的影响。

为了提升品牌的美誉度，京东市场部在2017年与世界著名的Passion Pictures团队合作精心打造了一部以品牌吉祥物JOY为主角形象的动画短片《JOY与鹭》。影片时长4分15秒，讲述了小狗Joy在跟随渔夫钓鱼时，保护鱼饵不被鹭偷吃的暖心故事。京东期望通过这部影片，在观众心目中建立品牌暖心可爱的形象，传递崇尚合作和分享的价值观。Joy憨态呆

萌的造型令人过目难忘，影片的每一帧画面都制作精良。整部影片带给观众轻松愉悦的观影体验，也为京东在广告界斩获无数嘉奖：2018 年 AD STARS 金奖，2018 年 One Show 中华创意奖金铅笔奖，2018 年金投赏创意奖金奖，2018 年中国 4A 金印奖银奖……

成立至今，天猫不断推出各种专项服务和活动，满足消费者的购物需求。例如，以低价优惠为主的"双十一"，针对重点品牌进行宣传的"超级品牌日"，为消费者提供线下体验阵地的"天猫 Club"，以推荐新品为核心的"天猫小黑盒"等。

可爱的吉祥物形象确实可以增加品牌的美誉度。然而，这种由吉祥物的可爱形象带来的美誉度究竟能够在多大程度上影响消费者对购物网站的选择，是一个值得思考的问题。消费者期望找到一家能够帮助自己做出明智购物选择，并带来良好购物体验的电商平台。天猫推出的各种创新活动和服务实实在在地为消费者创造价值。消费者在使用这些服务的过程中潜移默化地对天猫蕴含的价值形成认知。与没有价值认知作为内核支撑的美誉度相比，有价值认知作为内核支撑的美誉度，可以为品牌带来影响消费者的真正力量。

在评价一场营销活动时，经营者要不断追问企业究竟在活动中传递了何种价值认知，消费者是否了解和喜爱这种价值认

知,价值认知的传播在各个渠道中是否保持一致,此次营销活动传播的价值认知和以往的营销活动传播的价值认知之间是否具有传承性。过分关注知名度和美誉度这两个指标,很容易导致经营者忽视价值认知对品牌起到的支撑作用,在营销传播工作中"舍价值认知之本,逐指标高低之末"。

价值认知是知名度和美誉度的基础。只有在传播正确价值认知的基础之上,企业花费重金建立起来的品牌知名度和美誉度才有意义。

创意还是信息

尽管营销工作范畴覆盖"产品创新端"和"消费者传播端"两部分,但是企业中流行一种看法,把营销部门看作"花钱"的、专门负责广告宣传的部门。

这种看法虽然略显偏颇,但也有一定的道理。在消费者传播端,营销部掌管大量的营销资金,在线上和线下策划并执行各种各样的市场推广活动。与其他职能部门相比,营销部确实是一个每天"花钱如流水"的部门。营销部花钱主要用于制作广告。于是,广告质量的高低就成为很多经营者评价营销部工作好坏的重要标准。

令人遗憾的是,尽管许多经营者把制作广告当作营销部最

重要的工作之一，但是很少有人真正掌握如何判断广告优劣的正确方法。

由于缺乏专业的广告训练和价值营销思维，经营者们总是习惯于从观众的角度去评价一支广告的优劣。创意，就是一个经常被经营者用来评判广告优劣的指标。

富有创意的广告的确能够让每天被迫接受无数企业信息轰炸的观众赏心悦目，甚至过目不忘。但是，企业制作广告的目的并不是为了取悦观众，而是为了在消费者的心智中建立起对商品和品牌的价值认知。

在消费者传播端，价值认知的基础来自于信息的传递。信息传递的效果由传播的频次和传播的创意共同决定。创意是帮助企业提高传播效率的手段，而不是传播的目的。

信息是基础，创意是辅助。如果广告传达的信息准确，有助于价值认知的建立，那么即使缺乏创意，也可以被认为是有效的广告。

《怕上火就喝王老吉》是一则家喻户晓的广告。这则广告简单直接，并不具备特别的创意。但是广告传递的信息清晰明确，使消费者可以很清楚地了解到王老吉凉茶"预防上火"的功能。尽管缺乏创意，制作也算不上精良，但是从建立价值认知的角度去分析，《怕上火就喝王老吉》这则广告高效地帮助企业完成了与消费者在价值认知层面的沟通，对销售提升起

第7章
价值营销从转变思维开始

到了十分积极的作用。

如果广告传递的信息空洞，无助于建立价值认知，那么无论广告的创意多么引人入胜，也无法为企业提供商业助力，沦为只是看起来很美的"自嗨"宣传。

2017年5月，百雀羚在微信朋友圈中推出了一则"民国谍战"广告《一九三一》，用来推广企业专为母亲节推出的"月光宝盒"限量定制礼盒。百雀羚用充满民国情调的画笔，制作了一幅绵长的画卷，讲述了一个民国女特工与敌人周旋，最后击败"时间"的谍战故事。

对于疲于在公众号中阅读大量文字的消费者来说，这种长图文形式的民国画卷极具创意冲击力。短短几天时间，百雀羚的这则广告就在微信平台上收获超过3000万的阅读量，刷爆朋友圈。但截至2017年5月11日中午12点，百雀羚淘宝旗舰店只有2311件预订。按照3000万的阅读量计算，转化率只有0.008%。

疯狂刷屏和惨淡的转化率之间形成了鲜明的对比。在分析《一九三一》这则广告时，我们需要过滤掉创意的外衣，仔细思考百雀羚通过这则广告到底向消费者传递了何种信息，这些信息在消费者的心智中为品牌建立起何种价值认知，这种价值认知最终能否影响到消费者在护肤品类中的消费选择。

《一九三一》传递了这样一种信息——百雀羚可以帮助你击败"时间"。在竞争异常激烈的护肤品市场中,"×××品牌帮助你击败时间,常驻青春"这样的信息过于老生常谈,也缺乏说服力。

各大护肤品牌珍惜每一个沟通机会,竭力向消费者详细介绍自家护肤品让肌肤重焕青春的特殊原料和功效原理:SK-II 几十年来专注讲述 PITERA 具备的神奇功效,莱珀妮聚焦于鱼子精华为肌肤带来的超凡效果,雅诗兰黛推出以红石榴精华、深海藻精华、樱花精华分别为主要成分的不同护肤系列产品……

《一九三一》这则广告并没有就消费者最为关心的问题,向消费者深入解释百雀羚在护肤机理上的独到之处。在有效信息极为有限的情况下,消费者自然无法建立起有效的价值认知,也不会在消费行为上做出明显的改变。

创意的意义需要建立在广告试图传递信息的基础之上。如果一则广告传递的信息是正确的,有助于建立价值认知,那么适当的创意就可以发挥加速信息传递的作用,让一则优秀的广告锦上添花。相反,如果一则广告传递的信息是空洞的,无助于建立价值认知,那么即使创意起到了加速信息传递的作用,广告本身也是无效和没有意义的。

在制作和评价广告时,经营者务必要分清"信息"和"创意"之间的主次关系,避免掉入"创意至上"的陷阱。

第7章
价值营销从转变思维开始

本章小结：

- 经营者需要在日常经营中把落实"价值营销"的理念变成一种习惯。
- 企业业绩需要建立在为消费者创造价值的基础上。
- 开发产品时需要围绕消费者需求展开。
- 客户和消费者是两个不同的群体，经营者需要把消费者的需求置于首位。
- 单纯追求品牌的知名度和美誉度是没有意义的，企业需要提升消费者对品牌价值认知的知名度和美誉度。
- 广告的意义是传递信息，只有在信息内容正确的前提下，广告创意才有意义。

思考题：

- 营销和价值营销之间的区别是什么？
- 同样都是售卖披萨，达美乐和必胜客分别聚焦于消费者的何种需求？它们为消费者创造的价值是相同的吗？
- 如果你是达美乐的CMO，你将如何在产品创新端和消费者传播端实践价值营销的理念？如果你是必胜客的CMO，你又会怎么做呢？
- 你能回想起哪些创意过人，但是信息空洞的广告呢？

落实价值营销思维的六大原则

经营者除了要将价值营销理论内化为一种思维模式，还要掌握理论落地实践的原则。本章提出的六项实践原则，覆盖了从新品研发到消费者传播营销的重要工作节点。无论具体的工作内容怎样变化，这些原则都可以帮助经营者在策划和执行营销活动时，始终沿着价值营销的道路前行。

以消费者需求为中心

为了提高经营效率，企业会在不断壮大的过程中逐步设立多个专职部门，各司其职。

- 研发部门的工作目标是"开发出先进的技术"；
- 产品部门的工作目标是"制造功能强大的产品"；
- 广告部门的工作目标是"制作有创意、受欢迎的广告"；
- 生产部门的工作目标是"提高生产效率，降低运营成本"；
- 销售部门的工作目标是"让客户买单"；

第8章
落实价值营销思维的六大原则

- 站在企业最高决策层的经营者的工作目标是——"为股东创造更多的利润回报,让公司股票成为市场上的明星"。

面对同一项经营任务,不同职能部门会基于自己的原则给出不同的处理方法和优先级排序。当每一个部门都试图站在自己的视角推导出经营最优解时,有时反而会让企业作为一个整体跌入最差解的深渊。为了避免内耗,经营者是否能够在各职能部门之间找到被共同认可的底层原则,打破隐藏在企业中的部门之墙呢?

答案要在消费者身上寻找。消费者始终把企业视为一个整体,而不是各种不同部门的加总。当消费者因为一则广告而决定购买一台手机时,他/她会将金钱交付给企业这个整体,而不是企业的广告部。当消费者对一台电视机的质量感到不满时,他/她会向整个企业提出抗议,而不是追问电视机的质量问题究竟是出在设计环节,原材料采购环节,还是生产环节。

经营者如果希望打破部门之墙,就要学会站在消费者的视角,把企业视为一个因消费者需求而被连接在一起的价值创造体。在这种视角下,需求原则——"一切以满足消费者需求、为消费者创造价值为核心"——成为一种统筹企业经营,调解部门分歧的底层原则。

亚德里安·斯莱沃斯基在《需求》(*DEMAND*)一书中明

确地指出了需求蕴含的巨大的意义。"需求是经济增长和人类进步的动力和源泉，在个人层面和社会层面都发挥了关键作用。人类的发明创造力往往随着需求的发展而发展。需求在刺激经济和社会进步中承担重要的角色。每一个产业都依赖于需求。公司要想获得成功，就必须想尽办法，吸引到并充分满足一定的公众需求。"

需求原则是指导企业一切经营活动的底层原则，自然也成为指导营销活动的底层原则。

在商品营销活动中，经营者应该把第一关注点放在消费者需求上，其次才是商品。

经营者在新品研发之初就需要明确消费者的需求，然后再开始讨论应该使用何种材料、技术、工艺制造产品。在传播阶段，经营者依旧需要把消费者需求摆在首位。无论制作哪一种形式的广告，传播活动的本质并非要告诉消费者某种商品多么优质，而是要告诉受众某种商品将会如何满足消费者的需求。

在品牌营销活动中，经营者也应该把第一关注点聚焦于消费者的需求，其次才是品牌。

经营者应该关心营销活动会让消费者对品牌形成何种价值认知。只有注入了正确的价值认知，品牌才会对消费者的消费决策产生影响。当产生一种需求时，消费者需要第一时间联想

第8章
落实价值营销思维的六大原则

到自己的需求可以被某个品牌满足；当提起某个品牌时，消费者需要清晰准确地联想到该品牌可以满足自己的何种需求。如果企业不能让消费者在需求和品牌之间建立由此及彼、由彼及此的联系，那么建立和升级品牌就会成为一句空话。

坚持用商品说话

商品是消费者用来满足需求的工具，是企业创造价值的载体。

无论最初被什么因素吸引做出消费决策，消费者最终都会在使用商品时对企业为自己创造的价值进行评估，形成认知。价值营销理论强调价值认知对消费者的消费意愿具有决定性意义。**价值认知的基础并非来自于广告和宣传，而是商品。**

那些坚持用商品说话的企业，总是能够比同业竞争者建立更具竞争力的品牌。迪士尼是世界上最具号召力的动画电影品牌，但是迪士尼品牌的步步升级并非来自其大张旗鼓的广告宣传，而是一部部实实在在的影片。

在近百年的发展历程中，迪士尼从未放松对产品的打磨。仅以视觉体验这个需求维度为例，迪士尼一直在动画电影制作领域寻求突破。从1937年推出《白雪公主和七个小矮人》以来，迪士尼在动画电影领域占据着当仁不让的霸主地位。1994

年出品的《狮子王》更是将迪士尼在动画电影的成就推上顶峰。当所有的观众还沉浸在手绘二维动画带来的娱乐体验时，迪士尼在1995年推出了史上第一部电脑3D动画长片《玩具总动员》，为观众带来全新的娱乐体验。时至今日，电脑3D动画技术已经取代手绘动画成为行业标配，而迪士尼已经早早展开了对真人动画技术的探索。

一旦企业失去对商品的关注，不管多么强大的品牌都会随着商品的落败而崩塌。

三鹿曾经是中国乳制品行业中的佼佼者。作为中国驰名商标，三鹿产品畅销全国。2005年8月，三鹿被世界品牌实验室评为中国500个最具价值的品牌之一。2006年，国际知名杂志《福布斯》将其评选为"中国顶尖企业百强"乳品行业第一位。

消费者追捧三鹿品牌的局面在2008年发生逆转。2008年，全国各地的医院陆续发现多名幼儿结石病例，均与食用三鹿奶粉相关。后经查实，三鹿集团在奶粉中人为添加了具有低毒属性的三聚氰胺。一夜之间，那些期望购买到优质奶粉的消费者忽然意识到，三鹿不再代表着安全、营养、口味醇厚，而是意味着损害健康和欺诈。三鹿的品牌大厦一夜之间土崩瓦解。

第8章
落实价值营销思维的六大原则

把商品蕴含的价值转化为可传递的信息

价值蕴含在商品之中,不易被发现。**经营者需要对商品蕴含的价值进行全面、深刻、清晰地了解,把价值转化为信息,准确地传递给消费者。**

生产具有价值的商品并不是一件容易的事情。企业需要在研发、设计、选材、配件、生产、运输等诸多环节花费大量心血。这些付出实实在在地让商品蕴含价值,却又难以被消费者察觉,营销工作因此变得极为重要。

许多经营者在和消费者沟通时,常常把企业花费大量心血的环节介绍得过于简单,一笔带过。商品的价值被经营者有意或无意地忽视,消费者自然无法对商品蕴含的高价值产生正确的认知,很容易就把高价值商品和低价值商品混为一谈。这样一来,低价值商品很容易依靠价格优势占领市场,高价值商品则难以生存。"良币"很快被"劣币"驱逐出场。

让"良币"战胜"劣币"的最佳办法就是把"良币"的"良"充分地告知给消费者。让消费者在信息对称的条件下,在"良币"和"劣币"间做出选择。如果一件商品具有特别的价值,那么经营者只需要做到把商品蕴含的价值转化为信息,并清晰准确地传递给消费者,就足够了。

克劳德·霍普金斯曾在《我的广告生涯》中分享过这样一个案例,我们可以从中充分感受到"将价值转化为信息"这一原则在营销活动中蕴含的魔力。

施里茨啤酒公司是我为斯德客广告公司策划的另一场广告活动,施里茨啤酒当时世界排名第五。那时所有的啤酒商都标榜自己是"纯啤酒"。他们把"纯"字印得格外大,这给人们的印象就像是水溅在鸭背上,水过无痕。

我去啤酒学校接受培训,学习了制造啤酒的科学原理,但是这没帮上一点忙。于是我去参观了他们的啤酒厂。我看见在一所透明玻璃房里面,啤酒一滴滴地流出管道。我问他们这样设计的原因,他们解释说这些房间里装满了过滤后的空气,这样啤酒可以冷藏以保持它的纯度。我又看到一个巨大的过滤器里装满了白色的沫浆,他们向我解释这是过滤啤酒的。他们告诉我这里的啤酒管道一天要清洗两次,以防止污染啤酒。就连一个瓶子一天也要用机器清洗四次。尽管啤酒厂紧靠密西根湖畔,但他们向我展示造酒用的是自流井水,是取自于地下4000英尺深的纯净水。我还参观了存酒用的大缸,在人们食用前啤酒在这里存放六个月。

他们又领我参观了实验室,向我展示了最原始的酵母菌。所有做施里茨啤酒的酵母都来自这块最原始的酵母菌。这种酵母是经过1200次实验提炼出来的,拥有一流的口感。

第8章
落实价值营销思维的六大原则

我对此感到震惊:"为什么你们不告诉人们这些东西呢?为什么你们只是和别人竞争,看谁发出的'纯啤酒'声音大呢?为什么你们不告诉大家你们啤酒纯的原因呢?"

"为什么要告诉大家呢?"他们答道,"我们制造啤酒的程序和大家都一样。只有这些程序才能保证啤酒的质量啊!"

"但是,"我告诉他们,"没有人告诉过大家这些啊!只要参观了你们酒厂的人都会感到震惊。如果你们把这些说出来,大家都会感兴趣的。"

于是我找到玻璃房和每一张关于精华啤酒的设备图片,并把它们印了出来。我只是告诉大家一个所有啤酒商都熟知的事实,可是这个事实大家从来都不知道。施里茨啤酒一下子在几个月内从第五名上升为与第一名并驾齐驱的品牌。至今这个广告仍然是我最大的成就之一。

施里茨啤酒公司为了让消费者喝到口感极致的啤酒,花费了巨大的努力。一杯纯啤酒带给消费者的价值来自于施里茨在每一个酿造环节中的艰辛付出——来自于地下的纯净水、对管道的反复清洁、经过1200次实验提炼出的酵母、经过严格过滤的洁净空气、低温储藏等。这些环节成为施里茨纯啤酒蕴含高价值的最佳注释。

精心设计的酿造环节并不会自动被消费者发现。如果连经营者自己都对这些极具震撼力的环节视而不见,那么消费者就

更加无法看到这些隐藏在产品背后的汗水,更不会对施里茨纯啤酒产生清晰的价值认知。

克劳德·霍普金斯没有花巨额的广告费,也没有运用特殊的媒体渠道,而是把精力花在挖掘施里茨啤酒价值来自于何处这一问题上。克劳德·霍普金斯努力地了解商品特点,把施里茨啤酒价值来自于何处清清楚楚地记录下来,并使用消费者能够理解的语言,传递给消费者。如果不是克劳德·霍普金斯这么努力地去了解并传播施里茨纯啤酒的生产环节,那么消费者都不知道原来自己喝的施里茨纯啤酒这么棒!

用创意提高信息传递的效率

信息传递是一个过程,从发出到接收,在传递的过程中信息会被损耗。

作为信息的接收方,消费者可能会因为各种主观原因和客观原因听不见、听不清、听不懂、记不住企业期望传播的信息。

因此,作为信息的发出方,经营者需要在营销活动中尽可能提高信息传递的效率,让消费者花费极少的精力就可以充分接收到信息,并在很长时间内保持记忆,对商品和品牌形成价值认知。

第8章
落实价值营销思维的六大原则

在诸多提高信息传递效率的方法中,"使用具有创意的方式传递信息"是一条极为重要,却又很容易被人忽略的原则。

与向成年人传递信息相比,向学龄前儿童传递信息的难度要大得多。因为学龄前儿童脑部发育尚未完全,加上注意力不容易集中,许多成年人在和孩子沟通时都会遇到障碍。那么,该如何解决向学龄前儿童传递信息效率低下这个难题呢?

让幼儿园的小朋友记住26个英文字母的发音和顺序是一件非常困难的事情。如果采取鹦鹉学舌式的复读方式,家长需要耗费巨大的精力,反反复复教导,也不一定能取得理想效果。最有效的方法是为26个字母配上一段旋律,通过学习《字母歌》,小朋友可以快速准确地记住原本枯燥无味的英文字母,甚至会在接收和记忆信息时乐在其中。

学龄前的小朋友往往具有强烈的占有欲。老师如果采用平铺直叙的方式向小朋友灌输谦让和友爱这样抽象的概念,小朋友既没有耐心听下去,也很难理解和消化,信息传递的效率极低。然而,当老师们用富有创意的方式,把一本正经的说教换为"孔融让梨"的故事,小朋友们不仅会听得津津有味,还很容易理解故事中蕴含的道理,并且终生难忘。

以上两个例子向我们展示了"创意"在提高信息传递效率上的巨大力量。

如果说将商品的价值转化为信息解决了企业与消费者沟通

时"说什么"的问题,那么使用具有创意的方式将信息传递出去就解决了企业与消费者沟通时"怎么说"的问题。

在建立价值认知的过程中,一方面,经营者应该经过理性的思考去回答应该"说什么"的问题——基于严谨的观察和富有逻辑的分析,凝练出最能够提升消费者对商品价值认知的核心信息。另一方面,经营者应该用感性的大脑去回答应该"怎么说"的问题——对创意保持足够的开放心态,甚至有时需要具备突破常规的勇气,找到最能够被人们喜爱、记忆、引发共鸣的表达方式。

当理性(正确的信息)和感性(创意地传递)完美地结合在一起,经营者(信息发出方)就能够向消费者(信息接收方)完成一次成功的信息传递,在传播过程中高效地建立价值认知。

马丁·路德·金在《我有一个梦想》的演讲中传递的核心信息是呼吁种族平等。然而,真正让这篇演讲深入人心的绝不仅仅是核心信息的正确与崇高,还要归功于马丁·路德·金在演讲中使用了大量的比喻、反问、排比的修辞方法,加之他高超的演讲技巧,让演讲充满感染力。

马丁·路德·金知道,能够站在千万名听众面前发声是一次难得的机会。为了可以让每一个人充分接收和理解"种族平等"这个信息,马丁·路德·金并没有选择把"种族平等"

第8章
落实价值营销思维的六大原则

的口号重复喊上一千遍这种低效的方法,而是利用"散文+演讲"的方式提升信息传递的效率,让听众过耳不忘。

信息是沟通的内核,传递信息的方式是沟通的外衣。在内核既定的前提下,外衣的选择可以多种多样。

除了演讲以外,还有许多富有创意的方式,可以把呼吁种族平等这个核心信息传递给大众。美国作家哈珀·李在1960年创作了小说《杀死一只知更鸟》。两年后,格里高利·派克主演了以这部小说为蓝本的同名电影。迈克尔·杰克逊在1991年推出单曲《黑或白》(*Black or White*)。演讲、小说、电影、歌曲、摄影、绘画、雕塑……这些富有创意的表达方式都可以提高信息的传递效率,让信息接收方更容易地接收并充分吸纳信息发出方期望传递的信息。

在商务会议上,演讲者会在PPT中加入大量的图表甚至动画,去帮助听众理解自己要讲述的信息。

和好友微信聊天时,我们会在打字的同时使用许多表情包,让手机另一端的人更容易理解自己试图传递的信息。

谈情说爱的恋人们会把我爱你这个信息融进情意绵绵的诗歌、浪漫的玫瑰花、精心布置的烛光晚餐,向对方倾诉衷肠。

回到商业层面,那些恰当使用创意方式去传递信息的经营者,能够组织出效果出众的营销活动,一方面让消费者喜闻乐见,另一方面为商品和品牌快速建立价值认知。

沃尔沃卡车一直以稳定可靠的性能作为核心竞争力，而沃尔沃卡车的广告也一直把稳定可靠作为最重要的信息，持续不断地向消费者输出。为了能够让消费者对新推出的沃尔沃动态转向系统（Volvo Dynamic Steering）有更加生动直观的理解，沃尔沃卡车在2014年邀请好莱坞动作明星尚格·云顿，制作了一部广告史上的经典之作。

　　广告开始的画面是尚格·云顿安详平静的脸。随着镜头慢慢拉远，观众才意识到尚格·云顿在毫无保护的状态下双脚分别踏在两台并肩行驶的沃尔沃卡车车顶边沿。两台卡车在匀速行驶中缓缓拉开彼此的间距，尚格·云顿的双腿慢慢分开，在两台行驶中的卡车的配合下完成了一次令人目瞪口呆的凌空一字马表演（有兴趣的读者可以去爱奇艺网站上观看视频）。

　　这则广告传递的信息极其简单——沃尔沃动态转向系统性能稳定可靠、值得信赖。信息传递的形式充满创意，令人过目不忘。凭借出色的创意，沃尔沃卡车广告在网络上收获了超过10亿次的点击，并在当年的纽约国际广告节斩获七项金奖。

　　沃尔沃为我们展示了一个用价值营销思维指导营销工作的完美案例。

　　在产品研发端，沃尔沃首先挖掘出消费者的需求（驾驶安全、操作稳定），接着生产出能够充分满足需求的产品（配载沃尔沃动态转向系统的卡车）。

第8章
落实价值营销思维的六大原则

> 在消费者传播端,沃尔沃确定了最能够体现产品价值的信息(沃尔沃动态转向系统性能稳定可靠值得信赖),并选择了极具创意的信息传递方式(尚格·云顿表演凌空一字马),在消费者心智中以极高的效率快速建立起准确的价值认知。
>
> 沃尔沃的营销工作——消费者调研、产品研发和生产、消费者传播——始终围绕着"价值"展开,前后逻辑连贯,一气呵成。

在各个信息触点上保持价值认知的一致性

一次完美的信息传递(正确的信息+正确的创意)并不能保证消费者可以立即在心智中对商品和品牌形成清晰和完整的价值认知。经营者需要使用多个信息触点,在短时间内和消费者进行多次沟通,才有可能让消费者对商品和品牌产生价值认知。这些信息触点包括附着在商品上的文字和图案,比如产品名称、产地和配料信息、包装设计等;也包括各种形式的广告,比如电视广告、户外广告、公关活动、街头路演、冠名赞助等;还包括商品的销售终端,比如门店外部环境,内部装修,货架专区的场景化打造,销售人员的服务话术,甚至是售后环节中负责回答消费者问题的热线电话等。

以往,广告可能是消费者接收信息最主要的渠道。但是,

信息触点的多样化让企业中的各个部门都有机会和消费者进行深入沟通。产品部门会通过产品和包装设计与消费者进行沟通，广告部门会通过广告与消费者进行沟通，销售部门会通过店面设计和售货员培训与消费者进行沟通，电商部门会通过网络旗舰店与消费者进行沟通，客服部门会通过热线电话与消费者进行沟通。

每个信息发出方都有一套基于部门职能准则的沟通逻辑，这会导致消费者在不同信息触点上获得的信息前后难以保持一致。而信息的不一致性将会大大降低价值认知构建的效率。

可口可乐、麦当劳、星巴克这些善于和消费者沟通的营销巨人，总是在每一次的营销活动中将"一致性原则"执行得非常彻底。这恰好验证了"一致性原则"在建立价值认知工作中的重要性。

2013年，可口可乐公司在中国市场推出"昵称瓶"主题营销活动，旨在塑造可口可乐品牌年轻、随性、快乐的象征性形象。可口可乐的经营者从包装设计环节就开始了信息传递的工作，将数十个网络感十足的昵称打印在瓶身上。除此以外，可口可乐公司的广告宣传、货架装饰甚至是赠品设计和私人定制等各个信息触点，都紧紧围绕"昵称"这个主题，使用统一风格的文字和图片，在共同的价值主张下向消费者传递信息，深入沟通。

第8章
落实价值营销思维的六大原则

在信息触点多元化的前提下,经营者需要确保信息的核心内容及创意形式在各个信息触点上的一致性。最大限度地避免信息(内容或形式)的不一致造成的沟通损耗,在每一个看似独立的营销行动之间创造出协同效应,实现 1 + 1 + 1 > 3 的效果。

在时间轴上保持价值认知的传承性

在某一个时空横切面下讨论价值营销的投入效率是没有意义的。在单一的时间节点上,世界上任何一家企业的价值营销投入的回报比都低得吓人,远不如将同样的资金投入在消费者返利上能够为企业带来更多的营收回报。

价值营销的真正意义在于,其建立的价值认知可以对消费者的消费意愿施加持续性的影响。虽然价值营销的投入是按照单次计算的,价值营销为企业带来的回报却并不是一次性的,而是连续性的。

价值认知对消费者消费意愿的影响是持续性的。因此,以建立价值认知为主要目的的价值营销工作也应该是持续性的。既然价值营销工作的本质具有持续性,那么在持续的价值营销工作中,保持每一次营销活动建立的价值认知在时间轴上具有

传承性，就变得非常重要。

声势浩大的营销活动或许可以使品牌成为大众热议的对象，在市场上推出受人追捧的爆款。但单个时间节点上的成功，并不意味着可以帮助企业建立持久不衰的品牌。

纵观世界上任何一个成功的品牌，可口可乐、强生、欧莱雅、飞利浦、舒肤佳、雅诗兰黛……从来都不是仅仅依靠某一条充满创意的广告，或者某一次成功的营销活动就能够从默默无闻变得誉满全球，它们的成功来自于经营者围绕在核心价值，在建立价值认知方面长年累月的反复打造、积累和沉淀。

经营者必须在一个较长的时间轴上去规划和考核价值营销，才有可能使营销活动建立的价值认知具有持续性。"传承性原则"在客观上要求经营者把每一次营销活动看成具有长期累积效果的营养素，而不是为推动某一次销售临时服用的兴奋剂。当经营者的视角从时间"点"变为时间"轴"，价值认知将从每一次营销活动的终点，变成下一次营销活动的起点。打造经典商品和建立百年品牌的目标才有可能实现。

可口可乐100多年来始终坚持用同一种配方为同一群核心消费者创造同一种价值。这种价值坚持并没有随着饮料行业风口的转变而转变。翻看可口可乐50年前的广告，我们会发现除了创意手法略有差异以外，可口可乐经营者当年试图为品牌注入的核心价值认知和今天并没有本质的区别。

第 8 章
落实价值营销思维的六大原则

汰渍品牌在 1946 年诞生之初,就致力于为普通家庭带来更洁净的洗护方案。这一价值主张持续至今。汰渍的产品研发端和消费者传播端的所有营销工作,始终围绕着消费者在洗涤场景下的需求,致力于为消费者创造高效洗涤的核心价值,建立高效洗涤的核心价值认知。

时间,让所有坚持价值初心、持之以恒的企业收获由认知沉淀带来的巨大红利。

从 2008 年推出《钢铁侠》开始,到 2019 年的《复仇者联盟 4》结束,漫威影业在十年中一共推出了 22 部以漫威宇宙为背景的超级英雄电影。这 22 部电影始终围绕着同一群受众的同一种观影需求推陈出新。影片的质量也始终保持稳定的高水准。无论是电影的前期宣传,还是观众的实际体验,漫威影业在观影者的心智中构建起的价值认知在十年间保持着高度的一致性。这种一致性让漫威影业的每一部电影和每一场营销活动,都为下一部电影的发行奠定了良好的基础。消费者在一次又一次的期待、观赏、再期待、再观赏的循环中,反复积累并增强对漫威影业这个品牌的价值认知。当消费者对"漫威影业"价值认知的雪球在十年中经历 22 次的翻滚之后,《复仇者联盟 4》空前的票房成绩让所有曾经埋藏在消费者心智中的价值认知完美变现。截止到 2019 年 5 月 20 日,漫威影业推出的《复仇者联盟 4》在全球斩获票房总计 26.2 亿美元,位

列有史以来全球最高票房榜第二名。

试想，如果漫威影业使用同样的人力和财力成本，在十年中制作出22部类型、风格、目标受众完全不同的电影，比如5部剧情片、3部卡通片、10部喜剧片、4部动作片。即使每部电影都能保持高水准，观众也只会把这些电影视为单独的作品，而不会把对于每一部电影的价值认知反复沉淀在"漫威影业"这个品牌之上。"漫威影业"既不可能在十年之后成为一个具有号召力的品牌，也不可能享受品牌效应带来的超额票房回报。

本章小结：

- 使用价值营销原则，可以帮助经营者在处理任何与营销工作有关的具体事务中，都始终践行价值营销的理念。
- 坚持以消费者需求为中心。
- 生产并销售满足消费者需求的商品。
- 把商品蕴含的价值转化为信息传递给消费者。
- 使用适当的创意加速信息的传播。
- 在企业和消费者间各个信息触点保持价值认知的一致性。
- 在和消费者的持续沟通中保持价值认知的传承性。

第8章
落实价值营销思维的六大原则

📖 **思考题：**

- 王老吉和加多宝围绕着消费者的何种需求展开价值创造？这两个品牌推出了何种产品去满足消费者的需求？
- 请在超市货架上找出三种饼干，并试图根据广告和包装的信息阐明这三种饼干试图满足消费者的什么需求，以及如何满足消费者需求？
- 麦当劳和肯德基过去十年在中国市场上，分别围绕着何种价值构建价值认知？它们是如何构建价值认知的？

第9章 中国企业建设品牌时的五个常见误区

在与外国企业竞争时，中国企业通常会在品牌建设方面遇到更大的挑战。外国企业在进入中国市场之前，母公司往往在本土市场已经完成了品牌建设的基础工作。但中国企业在完成产品建设从 0 到 1 和渠道建设从 0 到 1 的工作之后，还需要认真思考该如何让品牌建设也完成从 0 到 1 的工作。

然而，建设品牌的逻辑和研发产品以及拓展渠道的逻辑并不相同。中国企业擅长利用"产品 + 渠道"的模式推动企业成长，却未必在建设品牌方面具备同样出色的专业能力和实践经验，常常误入歧途，付出大量学费，甚至是失败的代价。

把品牌的"大"和品牌的"强"混为一谈

改革开放以来，许多中国企业以代工者的身份加入国际化分工的制造链条中。成为世界工厂并不是中国企业家们的终极目标。现代商业的竞争并不是商品的竞争，而是品牌的竞争。

第9章
中国企业建设品牌时的五个常见误区

只有建立强大的品牌,才能保证中国企业在全球竞争中走得更远。

在建立强大品牌的过程中,许多经营者把品牌的"大"和品牌的"强"两个概念混淆在一起。当一个品牌的销售规模从1亿元增长到5亿元、10亿元、100亿元时,这个品牌很自然地成为行业中的明星,收获广泛的认可和尊重。如果一个品牌拥有亮眼的销售业绩,那么该品牌必定拥有强竞争力似乎成为理所应当。于是,急于建立强大品牌的经营者在看到某个品牌的业绩呈现高速增长之后,就会默认该品牌的建立过程是成功的,值得作为成功案例被深入研究和学习。

脑白金的销售飞速增长,于是人们把洗脑式广告当作成功的捷径;王老吉的销售飞速增长,于是人们开始争先恐后地要开辟属于自己的细分品类;瑞幸咖啡的销售飞速增长,于是人们对线上返利和会员裂变的招式趋之若鹜……

然而,品牌的销售额"大"和品牌的竞争力"强"是完全不同的两个概念。品牌竞争力既不是品牌销售额的充分条件,也不是必要条件。一个品牌能产生高销售额,并不意味着该品牌一定具有强竞争力,而一个品牌具有强竞争力也不意味着该品牌一定能产生高销售额。

安踏公司2019年的年报显示,安踏公司旗下的两个品牌安踏和FILA分别贡献了175亿元和148亿元的销售额。但我

们无法根据近似的销售额，就认为安踏和 FILA 是两个具有相似竞争力的品牌。

在 2019 年的世界 500 强企业排行榜上，大众公司以 2783 亿美元的营收位列第 9 位，宝马集团以 1150 亿美元的营收位列第 53 位。然而，巨大的销售差距并不能反映出大众和宝马在品牌竞争力上的差别。

品牌的销售规模受品牌的产品竞争力、渠道竞争力、品牌竞争力等多方面因素共同影响。经营者需要认清支撑品牌高销售额的究竟是产品的高竞争力、渠道的高竞争力，还是品牌的高竞争力。

经营者不应该根据品牌销售额的高低反推产品竞争力的强弱，而是应该聚焦于产品本身，从功能、设计和质量等维度进行评估。

经营者不应该根据品牌销售额的高低反推渠道竞争力的强弱，而是应该聚焦于渠道本身，从网点数量、终端管理、物流和仓储效率等维度进行评估。

同理，经营者也不应该根据品牌销售额的高低反推品牌竞争力的强弱，而是应该聚焦于品牌本身，找到构成品牌竞争力的细分维度然后再进行评估。

品牌的竞争力取决于品牌的目标消费群体对于品牌价值认知的高低。即一个品牌在目标消费者最主要的若干个需求维度

第9章
中国企业建设品牌时的五个常见误区

上,分别蕴含的"背书"价值认知和"象征"价值认知。

在分析品牌竞争力的强弱时,经营者需要询问以下几个问题:

1. 在品牌所处品类中,目标消费者是谁?
2. 目标消费者在消费该品类商品时,最主要的需求维度有哪些?
3. 在消费者的心智中,企业品牌满足消费者主要需求维度的程度如何?
4. 在该品类中,还有哪些竞争品牌?
5. 在消费者的心智中,竞争品牌满足消费者主要需求维度的程度如何?

通过回答以上问题,经营者可以判断出一个品牌的品牌竞争力强弱,以及与竞争对手的相对水平,并可由此分析出在亮眼的品牌销售数字背后,品牌竞争力这个要素究竟发挥了多大作用。

习惯了用销售数字说话的经营者,需要对品牌的"大"和品牌的"强"这两个概念进行严格区分。用"价值认知"的视角去评判和衡量品牌竞争力的强弱,而不是把品牌的销售额当作品牌竞争力的注脚。只有这样,经营者才会有针对性地在经营工作中不断提升品牌的竞争力,让品牌竞争力成为与产

品竞争力和渠道竞争力同等重要（甚至更加重要）的销售驱动要素。

将"定位"视为建立品牌的密钥

20世纪70年代，著名营销专家艾·里斯（Al Rise）与杰克·特劳特（Jack Trout）提出定位理论。艾·里斯的《聚焦》和杰克·特劳特的《定位》清晰地阐述了定位理论的精髓——品牌的竞争是一场针对消费者心智资源的战斗，品牌要针对竞争对手在顾客心智中的既有位置找到自己的定位，从而使品牌在竞争中成为顾客的优先选择。

定位理论主张如下。

（1）过多的信息会让品牌在消费者的心智中产生混淆，所以品牌必须聚焦；

（2）具有专注定位的品牌会在市场中比不聚焦的品牌更具竞争力；

（3）品牌在进军新品类时应该采取多品牌策略，用新的品牌占领新的细分品类，而不是单品牌覆盖多个品类，后者会导致品牌失去聚焦而丧失竞争力。

然而，当我们与生活中许多实际案例进行比对时，会发现定位理论存在一定的局限性。

第9章
中国企业建设品牌时的五个常见误区

首先，当品牌延伸至两个甚至多个品类时，消费者的心智不一定会产生混淆。

微信是一个强大的品牌，如今已融入中国人生活的点点滴滴。我们常会听到这样的对话："咱们改天微信联系。""这个帖子很火，微信上都刷爆了。""我今天没带现金，请问可以微信支付吗？"在不同的语境中，微信这个品牌分别代表了它旗下三种不同的产品——即时通信、朋友圈、第三方支付。

米其林是全球顶级的轮胎品牌之一，但这丝毫不影响米其林这三个字同时成为世界上最权威的餐厅指南。消费者并没有因为熟知高级餐厅榜单，而对米其林轮胎的性能产生怀疑。而那些就餐者也不会认为一家米其林三星餐厅烹饪的美食有一股橡胶味。

如果把国家看作是品牌，一个品牌是否可以同时在消费者心智中占据不同的领导者地位呢？让我们来做个快速问答。世界上人口最多的国家是哪个？世界上经济水平发展最快的国家是哪个？世界上历史最悠久、文明延续至今的国家是哪个？答案是：中国，中国，中国。看，消费者的心智并没有产生混淆。

其次，牢牢聚焦于某个品类的品类专家型品牌并不一定能够在竞争中战胜那些非品类专家型品牌。

高露洁和佳洁士都是常年专注于牙膏品类的强势品牌，很

多年来甚至在消费者心目中成了牙膏品类的代名词。但是它们却无力阻挡云南白药——这个止血化瘀的中药品牌在牙膏品类发起的进攻。

联众早在2003年就已经成为世界上最大的休闲游戏平台,其品牌定位策略也一直专注在休闲游戏领域,从未发生偏离。可是这种聚焦并没有阻止腾讯这个社交品牌跨品类的入侵。随着用户不断流失,联众很难再现往日辉煌。

高夫是一个定位清晰的男士护肤品牌,但是这并没有帮助它在男性护肤品类中战胜来自欧莱雅——一个女性护肤品牌的挑战。

饿了么是一家专注外卖业务的品牌,美团则依靠团购业务起家,随后才把品牌延伸到外卖业务。但是依靠优质的快递服务,截止到2017年年底,美团外卖在外卖市场的占有率高达54%,而饿了么仅为30%。

再次,当一个品牌在消费者心智中形成了固定的印象之后,当它准备进入新品类时,并不一定需要重新建立一个新品牌,采取单一品牌延伸策略同样可以为品牌带来成功。

雀巢在速溶咖啡和奶粉两个不同的品类中都是首屈一指的品牌。

迪士尼凭借单一品牌的力量在动画电影、玩具、主题公园

第 9 章
中国企业建设品牌时的五个常见误区

三种截然不同的行业中取得了骄人业绩。

飞利浦在消费者的心智中不仅同时占据照明、电动牙刷和电动剃须刀等众多品类领导者的位置,还以一己之力开创了空气炸锅品类并常年保持市场领先。

上海家化在 1993 年推出"六神"品牌,并迅速在花露水品类赢得超过六成的市场份额。两年后,"六神"品牌被延伸至沐浴露品类,成为中国消费者夏季洗护的第一选择。

定位理论的伟大之处在于它看到了聚焦的意义。聚焦对于企业提高竞争力和强化品牌在消费者心中的认知确实可以起到正向作用。然而,聚焦并不是决定企业在竞争中取胜的充分条件,也不能保证消费者一定会为品牌买单。

价值营销理论认为,决定企业竞争成败和品牌竞争成败的核心因素在于价值,而不在于聚焦。聚焦是企业高效创造价值的众多手段之一,但并非唯一手段。一个品牌究竟是定位在一个品类,还是定位在多个品类,并不是营销品牌强弱和成败的决定性因素。如果一家企业拥有足够的能力,可以在多个品类中同时为消费者创造无与伦比的价值,那么它就可以凭借这种价值优势战胜那些虽然聚焦,但是创造价值较低的品牌。

那些采取延伸策略,在多个品类到处出击的企业之所以失败,并不是因为它们的品牌不够聚焦,而是因为这些企业在新

品类中并不具备为消费者创造价值的能力。

当施乐决定从复印机品类进入电脑与办公自动化品类时，无论施乐的经营者决定继续使用施乐这个品牌，还是重新建立一个新的品牌，只要施乐公司自身在新品类中不具备更好满足消费者需求的能力，那就无法避免失败的结局。施乐进军电脑与办公自动化品类失败的根本原因不是品牌定位失焦，而是公司本身无法在新品类中为消费者创造价值。

修复定位理论缺陷的一个好办法就是把定位思维模式纳入"价值营销"的框架中，将定位理论升级为价值定位理论。经营者在制订品牌策略时，需要把为消费者创造何种价值作为定位基础，**为品牌寻找恰当的价值定位**，而不是定位。

企业能够为消费者最大化创造价值的阵地，就是品牌的价值定位所在。为了分辨品牌的定位究竟是来自于经营者的臆想还是切实扎根于价值阵地，经营者需要回答三个问题：

1. 在这个定位上，是否存在真实的消费者需求？
2. 在这个定位上，企业是否有能力满足消费者需求？
3. 在这个定位上，企业在满足消费者需求的方法和程度上和竞争对手有没有差异？

思考以上三个问题，可以启发经营者分别对消费者需求、企业创造价值的能力、竞争对手创造价值的能力这三个方面进

第9章
中国企业建设品牌时的五个常见误区

行深入思考。如果上述三个问题都能得到肯定的答复,那么经营者基本上可以确认为品牌找到了价值定位。

"定位"和"价值定位"最本质的区别在于两者的理论底层基础不同。

定位的理论基础着眼于竞争和敌人。经营者在制订策略时把击败竞争对手当作终极目标,策略的制订围绕竞争对手展开。杰克·特劳特曾说:"《韦氏词典》对战略的定义是针对敌人(竞争对手)确立最具优势的位置。这正好是定位要做的工作。"

而价值定位的理论基础着眼于价值和消费者。经营者在制订策略时把为消费者创造价值作为终极目标,策略的制订围绕消费者展开。本书的第1章介绍过:"企业存在于世界上的终极意义就是为消费者创造价值。"企业的使命是创造价值,而非战胜竞争对手。**竞争的存在只不过是对企业创造价值的一种外在的鞭策机制。即使战胜了所有的竞争对手,企业还是要始终把创造价值当作前进的动力。**那些因为在竞争中取胜而沾沾自喜的企业终究会有一天面对失败,而那些始终把创造价值作为前进方向的企业终究会收获成功。

在制订品牌战略时,经营者并不需要刻意地为品牌寻找差异化道路,或者开辟细分市场。企业可以与竞争对手在某个价值阵地与展开正面竞争,也可以采取差异化竞争的策略。这完

全取决于企业希望在哪一块阵地上为消费者创造价值，以及企业在该价值阵地上为消费者创造价值的能力。

如果企业拥有的资源和方法确实可以在某个领域为消费者创造极大的价值，那么无论在这个领域是否已经存在声名远播的品牌，该企业都应该聚焦在这个价值阵地，与对手展开竞争；如果企业拥有的资源和方法不足以在某个领域为消费者创造比同业者更多的价值，那么无论这个企业采用多么巧妙的竞争策略，也无法战胜对手。

经营者在明确企业究竟要创造何种价值之前，一味强调品类聚焦和品类定位是没有意义的。那些动辄喊出"××品类领导者""××品类开创者"的企业只是沉浸在自我陶醉的世界中，而没有真正把消费者和价值创造放在经营的核心位置。

一家企业，或者说一个品牌，能否在竞争中胜出，关键不在于它是否将自己定位为某个细分品类的领导者，而在于其是否可以在消费者真正关心的需求维度上创造出领先于竞争对手的价值，以及其是否可以将这种价值认知清晰地建立在消费者的心智中。

定位教会经营者在调动企业资源时要做到聚焦，价值营销则强调一切经营行为要建立在价值的基础上。只有基于价值的聚焦才是有意义的聚焦。 经营者在建立品牌时真正需要做到的不是定位，而是价值定位。价值是消费者产生消费行为的核心

驱动力。与其在传播中一味强调品牌是品类的领导者和开创者,经营者不如多花费精力向消费者传播品牌蕴含的价值,为品牌建立价值认知。

认为建设品牌必须依赖广告宣传

在意识到品牌竞争力存在不足之后,该如何提升企业的品牌竞争力成为让许多中国企业家倍感棘手的问题。

那些成功的品牌是怎么做的呢?可口可乐和百事可乐的广告随处可见,耐克和阿迪达斯旗下拥有豪华的明星阵容,Boss直聘和铂爵旅拍刷屏式的呼喊响彻了楼宇电梯间……

这些广告或者出自世界知名的跨国企业,让人赏心悦目,久久难忘;或者出自敢于海量投放的本土企业,靠数量和频次强行进入消费者脑海。无论广告宣传的效率如何,扬声高呼总是比默默无闻更容易让人留下印象。于是,签约明星、冠名赞助、联名跨界、裂变刷屏……成为中国 CEO 们提升品牌竞争力时最先想到的方案。

为了引人注目,制作和投放广告确实需要"吵闹",但广告并不是消费者建立对品牌价值认知的唯一手段。根据价值营销理论,品牌的强弱取决于消费者对品牌的价值认知。价值认知的建立来自于商品的名称、包装、广告、销售终端、使用体

验等多个环节。只在广告宣传这一个环节上寻找品牌升级的奥秘是徒劳的。

这就好像人们不能期望只要保持锻炼就能收获健康一样。健康水平的提升需要通过饮食、休息、锻炼甚至是心情管理等一系列工作互相配合，才能收到最佳效果。锻炼是一种"吵闹"的显性健身方式，比健康饮食和规律休憩更容易抓人眼球。但如果因此就认定锻炼是获得健康最重要的途径，甚至是唯一途径，一味地强调要在锻炼上下苦功，只会事倍功半，造成时间和精力上的浪费。

在传统企业中，许多经营者会错误地把广告宣传视为建设品牌工作的全部，认为只要增加广告预算，做出富有创意的宣传活动，就能够建立和宣传品牌。这种误解让许多企业在建立品牌时不得要领，事倍功半。

"建立品牌"和"传播品牌"是两种截然不同的工作。一家拥有超强建设品牌能力的企业，并不一定是最懂得传播的企业；而一家最懂得如何利用广告宣传的企业，也并不一定能建立强大的品牌。

如果消费者可以通过商品对品牌产生足够明确和清晰的价值认知，那么企业完全可以把建立品牌的重心放在对商品的打磨上，在传播上投入重金反而会成为一种浪费。

如果企业本身对品牌蕴含的价值方向模糊不清，对商品规

第 9 章
中国企业建设品牌时的五个常见误区

划缺乏逻辑,那么即使广告做得风生水起,也无法扭转消费者对品牌的价值认知。

期望提升品牌竞争力的经营者必须意识到,广告是企业建设品牌的重要工具,但并非唯一工具。戴森电器依靠产品设计使消费者建立起对品牌的价值认知,江小白依靠包装使消费者建立起对品牌的价值认知,星巴克依靠销售门店空间使消费者建立起对品牌的价值认知……企业所有与消费者发生连接的信息触点都会对消费者的价值认知产生影响。在不同的品类中,消费者的消费习惯不同,形成价值认知的过程也不同。

经营者需要懂得分析所处品类的行业特点,甄别出对消费者价值认知影响效率最高的环节,把有限的资源用在"刀刃"上。一旦把广告理解为提升品牌竞争力的主要甚至是唯一手段,经营者就会对那些"安静但高效"建立价值认知的工作环节视而不见,将宝贵的资源投入"吵闹但无用"的宣传中。

沉醉于广告带来的短期效果

"广告的目的是为了促进销售。因此,判断广告成功与否的重要标准就是查看企业在广告播放期间的业务表现。如果业绩体现出强劲增长,那么广告就是成功的;反之,则是失败的,或者说不必要的。"

以上这段描述反映了许多经营者在评估广告效果时的基本逻辑。广告传播是一种投资，任何投资都必须产出相应的回报。这一逻辑本身并没有错误。可是，大多数人在评估投入产出时却搞错了评估周期。

对于品牌蕴含价值认知的改变是一种长期投资，这种投资必须和企业的长期收益进行对比，才能得出合理的结论。然而，许多经营者并没有这种耐心（有时候，这种耐心的缺乏可能来自于经营者自身的短视；有时候，这种耐心的缺乏可能来自于股东施加的业务压力），往往习惯使用短期的效果对广告传播进行评估，并提出"品效合一"的主张。"品"是难以测量的，"效"却可以通过数字来了解。所谓的"品效合一"，无非是在强调"效"，即要求广告传播必须能够在短期产出可数据化的效果。殊不知，这种对于短期效果的重视，会让品牌建设走上歧途——重金投放洗脑式广告、发放海量优惠券、追捧网红和流量明星等营销方式应运而生。

2018年世界杯期间，在央视黄金时段热播的"找工作，跟老板谈，上Boss直聘"广告备受争议。广告中，赛场看台上数百名年轻求职者声嘶力竭地高呼："升职！加薪！直接跟老板谈！"毫无美感可言的洗脑式呐喊，让无数电视机前的观众头痛不已，被认为是世界杯期间最惹人厌烦的广告之一。

然而，广告制作方坚信，广告的目的就是为了引人注意，

第9章
中国企业建设品牌时的五个常见误区

让人们迅速记住品牌。Boss 直聘广告在短短 15 秒中最大限度地抓住了观众的注意力,反复强调品牌,并在社会中引起巨大反响(负面反响也是反响),还一度将 Boss 直聘送上 App Store 商务类排名第一的位置。这一切已经证明了广告的成功。尽管形式不佳,但从效果来看,是一则"刀刀见红,具有杀伤力"的广告。

一方面,许多观众对这种毫无美感的洗脑式广告感到头痛不已;另一方面,广告的策划方为能够在短时间内吸引了大众注意力感到心满意足。那么,洗脑式广告究竟是不是好广告呢?

在价值营销理论的定义中,作为连接企业和消费者的触点之一,广告的本质是企业用来向消费者传递信息,进而构建价值认知的一种工具。评判广告的好与坏,首先要看广告是否向消费者传递了清晰准确的信息,其次要看是以什么样的形式向消费者传递信息。广告传递的信息需要在消费者的心智中为品牌和商品建立正确的价值认知。

克劳德·霍普金斯曾说过,"广告,是你产品的推销员。洗脑式广告就像是一个每天反复敲门的推销员。当你应门之后,推销员只会重复一句话:我是××品牌,请买我家的产品!我是××品牌,请买我家的产品!我是××品牌,请买我

家的产品!复读机式的推销方法之所以糟糕,并不是因为这种手段完全不能够帮助企业达成目的,而是达成目的的方式实在过于笨拙。聪明的推销员完全可以采用言之有物的话术,以令人愉悦的方式,向消费者传递有用的信息,从而达到增强消费者的消费意愿的目的。

在 Boss 直聘广告中,企业传递的信息是"求职者在找工作时,可以在使用 Boss 直聘 App 和老板直接谈"。但是,广告却没有回答一个重要的问题:和老板直接谈可以为求职者带来什么好处?与和猎头谈、和人力资源部谈相比,和老板直接谈究竟是可以帮助求职者缩短求职周期,还是可以谈出更好的薪资待遇,又或者是可以帮助求职者更清晰地了解目标企业的状况?Boss 直聘推出了一种"直接和老板谈"的新型求职模式,却没有把这种崭新的求职模式蕴含的价值清楚地传递给消费者。

在海量媒体投入的支撑下,洗脑式广告会在短期激发起很多人的好奇心,让消费者对广告中的产品一探究竟。然而,如果消费者不能在试用产品时感受到特别突出的价值,消费者就会在好奇心消失的情况下停止使用该商品。由广告轰炸(或者说烧钱)带来的下载量不仅很难持续,弃用率和卸载量反而会因为消费者好奇心消失后而逐步增加。

随着自媒体社交软件的普及,消费者不再只是被动地接收

第9章
中国企业建设品牌时的五个常见误区

信息,而是可以主动地发出信息,"裂变营销"在近几年成为一个时髦的概念。消费者在自己的社交网络中将企业的商品或品牌信息分享给好友,再由好友分享给更多的好友。企业在社交网络上通过一传十、十传百的方式,以极低的成本触及数以万亿计的消费者。如何玩转"裂变营销"似乎成了移动互联时代企业营销的必修课。

"裂变营销"并不是一个新生事物。它的前身是"口碑传播(Word of Mouth)"和"病毒营销(Viral Marketing)"。当消费者十分喜爱某件商品或品牌时,他/她会不由自主地向身边的亲朋好友进行推荐。社交媒体放大了个人的交际圈层,增强了人与人之间信息传递的力量。以往只能停留在线下的"口碑传播",凭借社交媒体技术的成熟变得更具爆发力和延展性,发展成为"病毒营销",又称为"裂变营销"。

让消费者因为喜爱某一类内容而在自己的社交空间进行裂变式分享是困难的,但是如果对裂变行为进行奖励就可以大大激发消费者的裂变动机。

在短期"效果"的驱动下,许多经营者既不关心对品牌价值认知的注入,也不愿意花费精力对内容进行打造,而是依赖资本的力量大面积地推行返利政策,让消费者成为折扣券的发放中心。

诱人的返利只会为企业带来短期流量,而非长期的品牌资

产增值。返利的强度将直接决定裂变营销效果，一旦返利强度减弱，消费者就会停止裂变行为。"返利裂变营销"并不属于价值营销的范畴。消费者在此类营销活动中很难对商品和品牌价值认知的产生实质性改变，甚至会将品牌与降价、打折、返利等特质紧密联系在一起。这种价值认知并不利于品牌的建立，也不能让品牌发挥"背书"和"象征"的功能，为企业带来品牌溢价的财务回报。

把营销部视为普通的职能部门而非生意的管理者

产品竞争力的提升要依靠产品部，渠道竞争力的提升要依靠销售部。专人专职看上去是顺理成章的，那么品牌竞争力的提升当然要依靠营销部。

为了建立和推广品牌，中国企业开始设立专门的营销部，从成熟的外企中招兵买马，提升广告宣传的预算。然而，在实际执行中，这些雄心勃勃的举动对企业提升品牌的效果十分有限。

品牌竞争力的强弱取决于消费者对品牌的价值认知，而消费者对品牌的价值认知则来源于包括商品、广告宣传和销售终端的各环节的工作。因此，经营者如果希望营销部担任提升品牌竞争力的重任，就需要授权营销部，让其可以对和消费者发

第 9 章
中国企业建设品牌时的五个常见误区

生联系的各个触点进行统一管理，让营销部成为统筹价值创造和建立价值认知的负责人。

将营销部视为企业内众多职能部门之一，会让营销部门沦为专注广告制作和投放的部门，导致营销部门远离挖掘消费者需求、为消费者创造价值、影响消费者的价值认知等一系列职能，也无法真正承担起为品牌升级的责任。

星巴克售卖的饮品，门店内的装修风格，手机 App 的界面和功能，并不是由产品部、运营部和电商部分别独立完成的，而是在营销部的统一管理下完成的。营销部需要洞察消费者需求，然后指导产品部开发出相应的产品。接着选择恰当的季节在门店内推出，甚至还要对销售人员的推荐话术进行统一指导。当消费者打开星巴克的 App 时，其接收到的信息应该与线下门店的体验保持一致。至此，我们才能认为企业向消费者实施了一次完整的整合营销。企业中必须有一个部门对这套完整的营销动作的策划、执行和结果负责。除了企业最高领导者亲力亲为，营销部是企业中承担此项职责的最佳选择。

营销部需要代替 CEO 扮演生意管理者的角色，需要主动倾听消费者声音，指导产品创新，策划传播方案，并和线上线下的销售终端保持紧密合作。这些工作都是基于为消费者创造价值和建立价值认知这个目标而产生的。

为营销部赋予生意管理者的角色是中国企业实现品牌升级之路遇到的最艰巨挑战之一。无论是在初创的民企里，还是在成熟的国企中，在过去几十年的发展中，产品部和销售部从来都是企业中把持话语权的核心部门，而所谓的营销部，只承担制作和投放广告的辅助性功能。

让营销部成为生意的管理者，一来会对原有营销部门人员的能力提出更高的要求，二来会让曾经掌握话语权的部门感到不适。为了避免企业职能架构调整带来的摩擦，许多中国企业在品牌升级之路进行到一半的时候向现实妥协，缓步不前。仅有少数几家企业的 CEO 具有天才般的营销思维，可以坐在 CEO 的位置上发挥 CMO 的作用，对产品部、营销部（名为营销部，实为广告部）、销售部发号施令，将价值营销的思维贯穿各部门。

也许有人会问，如果"产品部 + 销售部"的模式可以让中国企业快速腾飞，为什么不能继续沿用这种模式继续成长呢？为什么一定要让既不精于研发，又不负责销售的营销部"后来者居上"呢？

答案很简单。**因为企业的经营活动既不是围绕生产商品展开，也不是围绕业绩达成展开，而是围绕为消费者创造价值展开。**以产品为中心，以业绩为中心，以消费者为中心，分别决定了产品部、销售部、营销部三个职能部门不同的工作视角。

第9章
中国企业建设品牌时的五个常见误区

只有以消费者为中心,才有可能使企业在价值创造和建立价值认知的道路上越走越远。

许多中国企业之所以在缺乏专业营销部门的情况下,仍然可以成功地完成从 0 到 1,甚至从 1 到 10 的阶段,并不意味着价值营销的视角和原则可有可无。恰恰相反,这些企业之所以可以在市场中脱颖而出,正是因为企业的第一代领导人本身具有出色的营销能力。即一种能够贯穿从发现消费者需求,到研发产品创造价值,再到全方位建立价值认知的能力。

随着企业业务范围的扩大,创始人和领导者年龄不断增大,这种基于人而存在的能力并不能长久地留存在企业中,企业必须要完成一次转型,把基于自身眼光、思维和执行力的属于个人的价值营销能力,内化为一种基于流程、系统、组织架构的属于企业的价值营销能力,才能够确保企业持续性地输出有价值的创新产品,组织有意义的传播活动,提升终端体验,让品牌基业长青。

📖 本章小结:

- 许多中国企业的经营者混淆了品牌销售额大小和品牌竞争力强弱的关系。
- 许多中国企业经营者习惯使用短期结果急功近利地评判一切与品牌建设相关工作的效果。

- 许多中国企业的经营者误以为提升品牌竞争力就是要在广告宣传上大做文章。
- 许多中国企业经营者在运用定位理论时,忽视了企业要为消费者创造价值这个基本使命。
- 许多中国企业的经营者没有将营销部门定义为生意的管理者。

思考题:

- 在你的心目中,工商银行、东方航空、中国平安在各自的领域中算不算具有竞争力的品牌?你的判断标准是什么?
- 海底捞这个品牌是否具有竞争力?海底捞的品牌竞争力是依靠什么建立起来的?
- 如果你是王老吉公司的 CEO,你会如何划定营销部门的工作职责,以帮助企业提升品牌竞争力?

让营销回归价值的原点

后记

在科学技术迅猛发展的今天,整个社会似乎每一天都经历着剧烈的变化。新的媒体形态和购物渠道层出不穷。许多专家宣告新的营销时代已经来临,似乎营销工作甚至整个商业运行的逻辑都要被颠覆。

崭新的营销概念——新零售、网红经济、流量池、裂变营销、效果营销等——也随之应运而生。这种变化既让从事营销工作的人倍感新鲜,又感到危机重重,生怕追不上时代的步伐。

移动互联网时代里手机几乎成为人体的外部器官,给媒体行业带来翻天覆地的变化。报纸、杂志、电视这些传统媒体的影响力日渐衰落,取而代之的是社交平台、自媒体,是一个人就能成为一个频道的直播。

发达的购物平台和物流系统让人们真正做到了不必上街也能逛街。昔日人流如织的购物中心和大卖场变得门可罗雀,人

后 记
让营销回归价值的原点

们坐在家中动动手指,就制造了"双十一"和"6.18"一次又一次的全民购物狂欢节。

然而,如果我们站在历史的视角去观察这激荡的时代,就会发现这些正在发生的媒体和购物革命绝不是人类史上的首次。

印刷技术带来了纸媒革命,电视机的普及使人们足不出户就看到整个世界,超级市场自选和浸入式的购物环境不断激发消费者的购物欲望,全年无休的24小时便利店则成了繁忙都市人的另一个"家"。

能够成功穿越时代的前提条件是在变化中找到永恒的坚持。无论在哪一个时代,学校始终是教书育人的阵地,医院的职责永远是救死扶伤,企业不变的职责是通过商品或服务为消费者创造价值。

当企业明确了解自己存在于这个世界的意义,就不必对五花八门的营销概念感到过于困扰。以满足消费者需求为经营核心的可口可乐、奔驰、迪士尼们顺利地度过了纸媒时代、无电视时代、大卖场时代,我们有理由相信它们也有能力度过移动时代、网购时代和下一个未命名的时代。

价值是消费者消费行为的核心驱动力。营销工作的本质就是为消费者创造价值并且在消费者的心智中建立价值认知。明确价值对于营销工作的意义对经营者开展营销工作至关重要。

今天，有太多的经营者期待签下流量明星，把品牌植入最火爆的节目中，发表一篇能够刷屏的公众号文章，却忘记了品牌应该坚守的价值阵地。这就好像一名作家并不知道自己要创作一篇什么样主题的小说，却希望依靠漂亮的封面设计和名人推荐获得诺贝尔文学奖一样，令人啼笑皆非。

使用前沿的营销技巧并不是一件坏事。相反，营销工作者应当与时俱进，主动拥抱新出现的媒体形态和购物方式，提高营销工作的效率。然而，无论是利用外部资源的明星营销、冠名营销、植入营销，还是以社会化传播为特点的口碑营销、病毒营销、借势营销，抑或是基于信息统计的数字营销、大数据营销、效果营销……所有的营销工作都必须建立在价值营销的基础上，即为消费者创造价值以及建立价值认知，否则企业的投入就会陷入舍本逐末的自嗨陷阱。

为了扩大知名度，企业在媒体一掷千金，赞助最热门的赛事，在网络上制造爆炸性的话题。为了提高美誉度，企业邀请人见人爱的明星，制作富有创意、令人感动的广告。营销工作被割裂成一个个碎片，每一项任务似乎都有着明确的目的和可以量化的考核标准。但是当我们把这些工作的成果合并在一起就会发现，它们之间缺乏内在的联系，彼此无法兼容。

企业可以通过各种方法让品牌变得家喻户晓，但没有价值作为支撑，所谓的家喻户晓无法转化为销售。人们可以有一万

后 记
让营销回归价值的原点

个理由喜爱上一个品牌,但如果喜爱品牌的理由不是源自对价值的认知,所有的喜爱只是纸上谈兵,没有意义。

营销工作是复杂的,也是多变的。品牌处在不同的发展阶段、面对不同的市场、置身不同的时代,都会对营销工作提出不同的要求。面对变幻无常的挑战,营销工作者需要学会坚守价值营销的原则,做到万变不离其宗,五花八门的营销工作才能变得有章可循,建设品牌也将不再是一件难事。